MADRE TERESA
Amar e ser amado

JIM TOWEY

MADRE TERESA
Amar e ser amado

Um retrato pessoal de uma das maiores
líderes humanitárias do mundo

Tradução de Sandra Pina

Editora Melhoramentos

Dados Internacionais de Catalogação na Publicação (CIP)
(Câmara Brasileira do Livro, SP, Brasil)

Towey, Jim
　Madre Teresa: amar e ser amado: um retrato pessoal de uma das maiores líderes humanitárias do mundo / Jim Towey; tradução Sandra Pina. – 1. ed. – São Paulo: Editora Melhoramentos, 2022.

　Título original: To Love and Be Loved.
　ISBN 978-65-5539-506-8

　1. Santas cristãs – Biografia 2. Teresa, de Calcutá, Madre, 1910-1997 I. Título.

22-118373　　　　　　　　　　　　　　　　CDD-271.97

Índices para catálogo sistemático:
1. Madre Teresa de Calcutá: Vida e obra: Cristianismo 271.97

Eliete Marques da Silva – Bibliotecária – CRB-8/9380

Título original: *To Love and Be Loved – A Personal Portrait of Mother Teresa*

Copyright © 2022 by Harry James Towey II
Publicado em acordo com a Simon & Schuster, Inc.
Direitos desta edição negociados pela Agência Literária Riff Ltda.

Tradução de © Sandra Pina
Preparação: Maria Isabel Diniz Ferrazoli
Revisão: Mônica Reis e Elisabete Franczak Branco
Capa, projeto gráfico e diagramação: Amarelinha Design Gráfico
Imagem de capa: DeepGreen/Shutterstock
Fotos das páginas 216 a 223: Acervo pessoal do autor / cortesia de Prasad Photography Newport Beach / cortesia de Michael Collopy. Todos os direitos reservados.

Toda marca registrada citada no decorrer deste livro possui direitos reservados e protegidos pela de lei de Direitos Autorais 9.610/1998 e outros direitos.

Direitos de publicação:
© 2022 Editora Melhoramentos Ltda.
Todos os direitos reservados.

1.ª edição, setembro de 2022
ISBN: 978-65-5539-506-8

Atendimento ao consumidor:
Caixa Postal 169 – CEP 01031-970
São Paulo – SP – Brasil
Tel.: (11) 3874-0880
sac@melhoramentos.com.br
www.editoramelhoramentos.com.br

Siga a Editora Melhoramentos nas redes sociais:
🅕 🅞 /editoramelhoramentos

Impresso no Brasil

Em homenagem a Maria,
a Mãe de Deus

Então, o Rei dirá aos que estão à direita: "Vinde, benditos de meu Pai, tomai posse do Reino que vos está preparado desde a criação do mundo, porque tive fome e me destes de comer; tive sede e me destes de beber; era peregrino e me acolhestes; nu e me vestistes; enfermo e me visitastes; estava na prisão e viestes a mim". Perguntar-lhe-ão os justos: "Senhor, quando foi que te vimos com fome e te demos de comer, com sede e te demos de beber? Quando foi que te vimos peregrino e te acolhemos, nu e te vestimos? Quando foi que te vimos enfermo ou na prisão e te fomos visitar?". Responderá o Rei: "Em verdade eu vos declaro: todas as vezes que fizestes isso a um destes meus irmãos mais pequeninos, foi a mim mesmo que o fizestes".

Mateus 25:34-40

Sumário

Introdução: a Madre que conheci 13

1. Calcutá.. 19

2. Conhecendo a Madre 31

3. Escolher sempre o mais difícil 41

4. Pobreza espiritual 53

5. Uma empreendedora nata 63

6. Um chamado 75

7. Mãe dos excluídos 87

8. Um coração humano 97

9. Uma cristã alegre 109

10. No palácio... 117

11. Respondendo aos críticos... 129

12. Na escuridão como na luz 143

13. Dizendo adeus... 151

14. Indo para casa 163

15. Santa Teresa de Calcutá... 177

Epílogo: o trabalho continua 187

Agradecimentos 193

Notas 199

Amar e ser amado

Introdução

A Madre que conheci

"Uma vida não vivida para os outros não vale a pena ser vivida."
– Madre Teresa

13 DE SETEMBRO DE 1997

Eram duas da manhã quando cheguei à Igreja Saint Thomas, em Calcutá, no dia do funeral, com honras de Estado, de Madre Teresa. Eu tinha aterrissado algumas horas antes com outros membros da delegação oficial dos Estados Unidos, liderada pela primeira-dama, Hillary Clinton. Meus colegas delegados tinham ido dormir, enquanto duas Irmãs Missionárias da Caridade, que tinham voado conosco, foram direto para o convento se juntar a centenas de suas companheiras Missionárias que chegavam à cidade.

Rainhas, presidentes, dignatários e celebridades de todo o mundo tinham vindo comparecer ao funeral, incluindo os âncoras de três redes da TV aberta norte-americana e do canal por assinatura CNN (a mesma imprensa internacional havia feito a cobertura do funeral da Princesa Diana, uma semana antes). Todos os hotéis de luxo da cidade estavam lotados. A delegação norte-americana foi dividida entre os dois melhores – o Oberoi e o Taj Bengal –, mas eu não queria dormir. Queria chegar o mais próximo possível da Madre.

Mesmo àquela hora da madrugada, havia uma multidão se aglomerando do lado de fora da antiga igreja de 150 anos de idade, e dúzias de irmãs conversavam em voz baixa perto da entrada. A Madre estava sendo velada ali, envolta em uma bandeira da Índia, havia uma semana, e centenas de milhares de fiéis tinham passado enfileirados por seu corpo. Ela seria levada ao lugar de seu descanso final na mesma carruagem de armas que levara o corpo de Mahatma Gandhi, em 1948. Militares e policiais estavam de prontidão, embora as irmãs estivessem fazendo um bom trabalho velando a Madre. Entrei no santuário da igreja e vi um bom número de irmãs em vigília, e me juntei a elas. Havia alguns poucos olhos secos no santuário.

Madre Teresa parecia incrivelmente bem preservada. A equipe de embalsamadores de Bombaim, que viera para Calcutá imediatamente após sua morte, podia se orgulhar. Seus esforços foram auxiliados por seis aparelhos de ar-condicionado instalados às pressas, que lutavam bravamente contra o sufocante calor subtropical. Ainda assim, seu rosto estava um pouco pálido e suas mãos e pés, ligeiramente descoloridos. A pele mais escura a fazia parecer indiana. Usava o sari, sua marca registrada, e o rosário – que, em épocas passadas, ela costumava trocar com o meu quando rezávamos nas viagens de carro – estava esticado em suas mãos e sobre a barriga. Seu corpo parecia sagrado. Na noite em que a Madre Teresa morreu, Irmã Gertrude cuidadosamente tirou frascos de sangue dela para preservar como relicários. (Mais tarde, recebi um deles.) Uma irmã me deu diversas medalhas quando me aproximei do caixão. Peguei as medalhas e meu rosário e os encostei nos pés descalços da Madre. Então, quando me ajoelhei ao lado de seu corpo, podia chorar livremente, e chorei. Nem todas eram lágrimas de tristeza. Fui tomado de gratidão a Deus e a essa mulher que tanta alegria tinha me dado.

Assim como o calendário romano é divido em antes e depois do nascimento de Cristo, minha vida pode ser dividida em dois períodos distintos: antes e depois de Madre Teresa. Conhecê-la não apenas reformulou a maneira como eu pensava e agia, mas também determinou cada escolha significativa que fiz, desde trabalhos, à mulher com quem me casei, à casa onde vivemos, à forma como passo meus dias. Conheci Madre Teresa durante os últimos doze anos de sua vida, de 1985 até sua morte, em 1997. Fui seu advogado e conselheiro legal das Missionárias da Caridade (trabalho que continuo a fazer), porém, mais importante, eu era seu amigo, e ela era minha amiga. Me orientou em problemas grandes e pequenos e me permitiu ajudá-la no que pudesse. Ela me mostrou que momentos cotidianos oferecem as maiores oportunidades de servir a Deus, fazendo "pequenas coisas com muito amor". Não é exagero dizer que ela me ensinou como viver e amar.

Tantas lembranças vieram à minha mente enquanto estava ajoelhado aos pés da Madre, na Igreja Saint Thomas. Todas as alegrias que conhecera com minha esposa e nossos filhos poderiam remontar àquele dia fatídico em 1985, quando a Madre me acolheu em Calcutá e me enviou a Kalighat, para sua Casa para os Moribundos. Ela me trouxe para Jesus – não o conceito de Jesus, não a figura histórica de vinte séculos atrás, mas o Deus vivo a quem eu podia ter acesso pela fé.

Pensei também em todos os amigos que fiz por causa dela. Muitas das pessoas que eu mais prezava, somente as tinha conhecido por sua causa: Sandy McMurtrie, por exemplo, e o cineasta Jan Petrie. Naresh e Sunita Kumar, o casal de Calcutá que era como a família de Madre Teresa e que também se tornou minha família. Pensei nas muitas Irmãs Missionárias da Caridade que conheci e amei ao longo dos anos, assim como os padres com quem vivi em Tijuana e que se tornaram meus irmãos pelo resto da vida.

Porém, acima de tudo, pensei nos "mais pobres dos pobres", desde os muitos homens e mulheres agonizantes que conheci na casa Gift of Peace[1] (para portadores de aids), até os frequentadores do sopão da cidade com quem fiz amizade. Madre Teresa se referia aos mais necessitados como "Jesus em Seu angustiante disfarce de mais pobre dos pobres". Ela baseava essa crença na verdadeira presença de Deus na pessoa dos pobres, no ensinamento de Jesus registrado no Evangelho de Mateus:

> Porque tive fome e me destes de comer; tive sede e me destes de beber […] enfermo e me visitastes […] todas as vezes que fizestes isso a um destes meus irmãos mais pequeninos, foi a mim mesmo que o fizestes.

Essa passagem era central para a missão das Missionárias da Caridade, e Madre Teresa fez questão de usar as palavras "a mim que o fizestes" em praticamente todas as palestras públicas ou privadas que eu a ouvi ministrar. Sua fé lhe dizia que interagia com Deus sempre que ajudava os pobres, razão pela qual distinguia o trabalho que ela e as irmãs faziam do trabalho social. Certa vez, disse em uma entrevista: "O trabalho é apenas a expressão

---

[1] Em tradução livre, *presente de paz*. (N.T.)

do amor que temos por Deus. Temos que derramar esse amor em alguém. E as pessoas são o meio de expressar nosso amor".

Meu relacionamento com as pessoas atendidas pelas Missionárias da Caridade tinha as digitais de Madre Teresa. Eu jamais as teria conhecido sem o convite da Madre para "Tocar Jesus em Seu angustiante disfarce", o que, aos poucos, fui lentamente percebendo que eram elas.

As lembranças delas, para mim, constituem as provas mais explícitas da presença amorosa de Deus no mundo, do oceano de misericórdia que engole tanto os que querem quanto os que não querem, e da dívida que tenho com Madre Teresa por ter mudado totalmente a trajetória da minha vida. Essa percepção desceu sobre mim em ondas de gratidão na Igreja Saint Thomas, mas também de tristeza. Ela tinha ido embora para sempre, não mais à distância de um telefonema ou de uma viagem de avião.

Enquanto orava nas primeiras horas de 13 de setembro de 1997, fui assombrado por uma simples pergunta que me incomodava havia algum tempo: por que eu? Por que tive esse relacionamento privilegiado com Madre Teresa? Certamente, eu não merecia. Sei o pecador que era no dia em que a conheci e como me senti em Kalighat, ajudando um homem doente, não por algum bom propósito, mas porque era orgulhoso demais para admitir à irmã responsável que eu não queria tocar nele. Continuo sendo o mesmo pecador. Então, por que eu? Não tinha uma resposta naquela noite, mas agora tenho.

Acredito que Deus me deu Madre Teresa por três motivos. Primeiro, porque eu precisava dela desesperadamente. Eu era um pecador que amava os prazeres do mundo e que teria passado esses últimos 37 anos satisfazendo a mim mesmo, se não fosse pela Madre e pelas graças dos céus que ela revelou. Minha vida não tinha propósito, e ela me acolheu. Seu amor e bondade durante aqueles primeiros anos me ajudaram a reconhecer minha própria fragilidade e necessidade de Deus e de Seu toque curador. De certa forma, ela me tratou para voltar à vida. Me ensinou a orar, amar a palavra de Deus e a receber os sacramentos da Igreja porque sabia que, se eu não o fizesse, voltaria a me perder.

E ela me deu as Missionárias da Caridade, os pobres confiados a elas e as pessoas maravilhosas atraídas ao voluntariado em seu serviço para que eu estivesse em boa companhia e não me perdesse. O amor da Madre me revelou minha vocação. Seu coração maternal me ajudou a abraçá-la. E este é o segundo motivo por Deus ter me levado até Madre Teresa: para que eu pudesse ajudar as Missionárias da Caridade depois que ela se fosse. Mantive a promessa que fiz quando a visitei no hospital, e a manterei até que meus serviços não sejam mais necessários ou importantes.

Por fim, estou convencido de que minhas experiências com a Madre, e minhas observações dos últimos doze anos de sua vida, foram destinadas a beneficiar outras pessoas. As lições que aprendi com ela sobre viver, amar e envelhecer e como se aproximar de Deus merecem ser compartilhadas.

As pessoas precisam conhecer a Madre Teresa que eu conheci.

Este livro é a história da Madre Teresa que eu observei, estudei e segui. Muitos outros eram mais próximos a ela, especialmente os membros de sua família, as Missionárias da Caridade. E estou particularmente consciente do fato de que narrar meu relacionamento com a Madre pode parecer exploração de nossa amizade (que fique registrado, não vou me beneficiar financeiramente deste livro – os direitos autorais serão doados para suas irmãs, padres e outras obras de caridade alinhadas com o trabalho de sua vida). Meu propósito ao escrever este livro é mostrá-la como eu a conhecia – não como a santa perfeita e plástica que, inevitavelmente, vem à mente de alguns, mas a pessoa real que tinha amigos, gostava de chocolate, contava piadas e, eventualmente, ficava zangada. Ver sua humanidade, com toda a doçura e fragilidade que isso implica, torna sua vida e obra ainda mais notáveis.

Tenho mantido diários ao longo de minha vida e fiz anotações abundantes e contemporâneas durante meus anos com a Madre. Queria me lembrar e ser capaz de contar aos meus filhos. Também tenho caixas de correspondências e outros materiais decorrentes da representação legal que faço dela (o Centro Madre Teresa, a organização das Missionárias da Caridade, encarregada de promover e proteger seu legado, me deu permissão para compartilhar essa informação). As histórias aqui são baseadas nesses diários e arquivos, assim como em horas de entrevistas que conduzi com seus amigos e suas irmãs, em especial aquelas que estavam com ela na fundação das Missionárias da Caridade.

Madre Teresa se foi há 25 anos, e este livro pretende dar testemunho da pessoa que ela era. Espero que você entenda o que significa ser amigo de um santo vivo: quão humilhante e desafiador – e, às vezes, frustrante – era estar na presença de alguém tão apaixonada por Deus. Ela era uma mulher santa e a mais terna das mães, e foi uma grande bênção em minha vida conhecê-la e servir com ela.

Capítulo 1

Calcutá

"Os pobres são a esperança e a salvação da raça humana."
– Madre Teresa

A forma mais fácil de entender Madre Teresa é por meio de Calcutá. O século XX foi de enorme agitação política na grande metrópole indiana, agravada por enchentes, fome e inúmeras crises de refugiados. Durante a primeira década da Madre na cidade, a população quase dobrou; quando ela morreu, em 1997, havia quase dobrado novamente. Calcutá percorreu um longo caminho nos últimos 25 anos, mas milhões ainda vivem na pobreza, sem alimentação ou cuidados médicos adequados, em condições sanitárias inimagináveis para a maioria das pessoas.

Mas onde outros viam imundície, miséria e privação, Madre Teresa via os filhos de Deus, criados à Sua imagem. Ela via dignidade, algo precioso, em cada um. Mesmo na mais pobre Calcutá, ela reconhecia o desejo de ser querido. A necessidade desesperada da cidade fez de Madre Teresa quem ela foi. Crianças e leprosos abandonados pediam ajuda, e ela foi a mãe de todos eles. Calcutá, com todo o seu sofrimento, foi seu lar espiritual, o lugar onde ela criou algo belo para Deus.

Eu tinha 28 anos, era advogado e conselheiro sênior do senador Mark Hatfield, do Oregon, quando conheci Madre Teresa. Meu chefe era presidente do Comitê de Apropriações do Senado, e uma posição tão influente traz benefícios para a equipe. Durante o recesso de verão de 1985, fui enviado para Malásia, Hong Kong e para a fronteira da Tailândia com o Camboja, numa missão de apuração de fatos. Hatfield tinha sido o único senador a votar contra o envolvimento militar dos Estados Unidos no Vietnã e, após o fim da guerra, era o líder no Congresso para proteção e reassentamento de refugiados. Sentia que nosso país tinha uma obrigação moral com os que enfrentavam perseguição por terem ajudado o exército americano. Fui enviado para ver os campos de refugiados da Indochina, onde estávamos processando milhares de pedidos de reassentamento e gastando centenas de milhões de dólares.

Hatfield era um devoto batista do sul e amigo de Madre Teresa desde o início dos anos 1970, muito antes de ela se tornar um nome conhecido. Ela tinha visitado seu escritório no Capitólio um pouco antes de eu começar a trabalhar lá. Como minha missão oficial me levava à sua vizinhança, foi fácil organizar uma passagem por Calcutá para uma visita de cortesia. E meu chefe fez as apresentações de que eu precisava.

Como todo mundo, eu a conhecia como uma santa que vivia entre os pobres, ajudando pessoas desesperadas, às quais poucos se davam ao trabalho de reparar. O Papa João Paulo II, a quem eu admirava muito, tinha um interesse especial em seu trabalho e era frequentemente fotografado ao lado dela. E eu tinha amigos em Washington, Jan e Randy Sterns, que haviam adotado uma criança de um dos orfanatos de Madre Teresa, na Índia. Natasha Gabriella era uma garotinha alegre e cheia de energia, e vê-la trouxe à tona pensamentos sobre o trabalho de Madre Teresa. Por recomendação de Jan, li o livro *Algo de belo para Deus*, de Malcolm Muggeridge, sobre Madre Teresa. Muggeridge tinha uma certa visão cínica com relação à religião organizada – visão com a qual me identificava –, então sua admiração pela Madre me deixou ainda mais curioso. A resposta desse agnóstico à sua estadia com ela era impressionante: "Para aqueles de nós que têm dificuldade em captar com a mente o grande propósito do amor de Cristo[...] alguém como Madre Teresa é uma dádiva de Deus. Ela é esse amor em pessoa; através dela, podemos alcançá-lo, mantê-lo e incorporá-lo a nós mesmos". Ela e seu trabalho na Índia claramente o haviam tocado profundamente.

Estava ansioso para contar às pessoas que tinha estado em Calcutá e conhecido Madre Teresa. Esse era o motivo aparente de minha viagem. Porém, secretamente, esperava que ela pudesse, de alguma forma, me curar, como Jesus curou o cego. Apesar de meu ótimo trabalho e amplo círculo de amigos, minha vida em Washington parecia vazia. Era o oposto de tudo o que Muggeridge havia escrito sobre a vida de sua nova amiga: ela vivia com alegria e entusiasmo o Evangelho Cristão e a fé Católica. Eu esperava que encontrá-la pessoalmente pudesse reacender minha vida espiritual e me colocar de volta nos trilhos, assim como parecia ter feito por Muggeridge.

Eu sempre me considerei católico. A religião havia sido o colete salva-vidas que me manteve à tona durante uma infância turbulenta. Meus pais se separaram quando eu estava no quarto ano. Minha mãe criou cinco filhos em Jacksonville, Flórida, e garantiu que frequentássemos escolas católicas e fôssemos à igreja todos os domingos. Sua fé sincera e adorável piedade me impressionavam muito. Porém, quando fui para a Universidade Estadual da Flórida, em 1974, ser católico e ir à igreja toda semana era mais uma questão de me fazer interessante para as garotas do que ter um verdadeiro relacionamento com Deus. Eu simplesmente ignorava as partes de ensinamentos que demandavam algo. Era desbocado, se isso provocasse uma risada; gostava de apostar, beber e de prazeres sexuais; e simplesmente mentia para contornar um problema.

Qualquer noção de pecado estava entorpecida por minha familiaridade com ele. Pascal descreveu isso melhor: "Os pecadores lambem a poeira, ou seja, amam os prazeres terrenos". Eu tinha lambido a poeira. Em minhas buscas egoístas, tinha magoado pessoas que realmente me amavam, incluindo minha namorada da faculdade, que ficou com o coração partido quando não me casei com ela. Eu era um católico confortável e cultural, que mantinha Deus sob meu comando.

Mas, nove meses antes de minha viagem ao sudoeste asiático, Deus me despertou. Meu amigo Jimmy cometeu suicídio. Ele era um verdadeiro competidor: um atacante da equipe de basquete da FSU, com 1,90 m de altura, e também um estudante de filosofia nota A. Era um amante de literatura clássica e católico praticante, e nos conectávamos em todos os níveis. Éramos inseparáveis. Íamos a discotecas e bares, jogávamos golfe e tênis, íamos à praia tomar sol e saíamos em encontros de casais. Fomos membros da mesma fraternidade, viajávamos juntos nas férias de verão e nos provocávamos com brincadeiras bem-humoradas. Fui seu padrinho, quando ele se casou com sua linda namorada da faculdade. Então, nem cinco anos depois disso, em um ataque de desespero, ele pulou de um viaduto da Interestadual 95, em Lantana, Flórida, no meio do trânsito.

Eu tinha falhado com meu amigo. Sabia que Jimmy estava em dificuldades e bebendo demais, e que sua última visita à capital tinha sido um desastre. Para ele, tudo estava sombrio e desconexo, desde o divórcio recente às tentativas frustradas de conseguir um emprego como treinador principal de uma equipe de basquete. Habitava uma montanha-russa da qual não conseguia sair. Em um momento, estava de joelhos chorando e pedindo ajuda a Deus, no seguinte, de volta à obsessão sobre a ex-esposa e a carreira fracassada. Chegou ao meu apartamento um desastre e, alguns dias mais tarde, foi embora em estado pior. Porém, em vez de eu ir diretamente para a Flórida quando Jimmy me ligou quase desesperado, vociferando incoerentemente, uma semana antes do suicídio, permaneci em Washington. E agora ele tinha morrido. Eu estava assombrado pela culpa, e minha fé estava abalada. Como um Deus amoroso podia deixar isso acontecer? Onde estava Ele quando Jimmy padecia em sofrimento? Por que Ele não me enviou no resgate?

Nos meses seguintes à morte de Jimmy, mergulhei no trabalho. Orava menos e bebia mais. Cultivei um cinismo sarcástico, alimentado pelos rituais hipócritas e mercenários das amizades do Capitólio. Minha hipocrisia me permitia avistá-lo de forma instantânea nos outros. Externamente, eu poderia ser visto como um cara legal – bem-sucedido profissionalmente, divertido e, ao que tudo indicava, religioso. Até comecei a dar aulas particulares para crianças do centro da cidade uma vez por semana, o que acalmava minha consciência e impressionava os outros. Cuidava do meu irmão mais novo duas horas por semana. Estava enganando todo mundo. Mas não podia enganar a mim mesmo.

Esse foi o homem que procurou Madre Teresa em agosto de 1985. Ela estava vivendo o Evangelho e praticando a fé que tinham me ensinado quando criança. Esperava que, se a conhecesse, ela poderia aliviar minha culpa por Jimmy e me apontar em direção a uma vida mais significativa. Eu achava que ela poderia me dizer que eu deveria me tornar padre. A maioria dos meus amigos estava se casando, e, como eu não tinha desejo de me comprometer com uma mulher pelo resto da vida, perguntava se Deus me queria em um seminário. Esses pensamentos mostram quão verdadeiramente perdido eu estava. Me sentia ávido por respostas e cada vez mais convencido de que, se apenas pudesse estar por um momento com Madre Teresa, ela poderia me fornecê-las.

Eu precisava ir a Calcutá.

Agnes Gonxha Bojaxhiu nasceu em 26 de agosto de 1910, em Skopje, Macedônia do Norte, então parte do Império Otomano. A menininha, conhecida por seu nome do meio, Gonxha (que significa "botão de flor"), foi atraída por histórias de missionários desde a mais tenra idade, e tinha apenas dezoito anos quando informou sua mãe que sentira o chamado de Deus. Ela queria ser missionária na Índia "para sair e dar a vida de Cristo às pessoas". Isso demandaria coragem e grande sacrifício, mas ela tinha uma firmeza nascida da tragédia.

Gonxha, de etnia albanesa e católica, cresceu em uma comunidade predominantemente muçulmana e cristã ortodoxa na atual Macedônia do Norte. Sua mãe, Drana, era uma mulher profundamente religiosa e extremamente autodisciplinada, que tinha uma merecida reputação de cuidar dos pobres. Ela nunca rejeitava os necessitados e, com frequência, lhes dava uma refeição, explicando aos filhos que os pobres também eram parte de sua família. O pai de Gonxha alegremente sustentava a generosidade da esposa. Nikola era um empresário de sucesso, cujas atividades de construção e comércio o levaram até o Egito. Ele também era um nacionalista albanês apaixonado, ativo no movimento que exigia a independência do domínio turco. Essa atividade era arriscada; política no Império Otomano no fim da Primeira Guerra Mundial era volátil. Em 1919, ele viajou para um jantar com ativistas políticos em Belgrado, onde foi envenenado. Quando voltou para casa gravemente doente, Gonxha, com oito anos de idade, foi enviada para encontrar um padre para administrar os sacramentos finais ao pai moribundo. O padre chegou à casa dos Bojaxhiu a tempo de ungir Nikola, antes de ele ser levado para o hospital, onde faleceu.

Imediatamente após a morte de Nikola, a família Bojaxhiu se viu apenas com um teto sobre a cabeça, pois todos os seus ativos comerciais foram apropriados pelo sócio italiano. Foram apenas a coragem e iniciativa de

Drana que ajudaram a família a seguir em frente. Ela passou a vender bordados artesanais e outros materiais de tecido para suprir as necessidades da família, bem como as dos pobres que continuavam a bater à sua porta.

Após tantas perdas, Gonxha sabia que sua escolha em sair de casa seria uma cruz muito pesada para a mãe suportar. Porém ela lhe deu sua bênção, dizendo: "Coloque a mão nas mãos de Jesus e ande com Ele. Ande para a frente, porque se olhar para trás você voltará". A filha nunca esqueceria a coragem e o conselho da mãe.

Gonxha chorou quando o trem partiu de Skopje, em 26 de setembro de 1928. Sua mãe a acompanhou até Zagreb, onde se despediram. Nunca mais se veriam. Muitos anos mais tarde, Madre Teresa disse que, quando chegasse sua hora de morrer e ser julgada, seria avaliada pelo quanto havia honrado o sacrifício que demandara da própria mãe: "Minha mãe me julgará. Ela não aceitou minha partida. Penso nela quando me sinto tentada. O que ela diria?".

Depois de uma breve parada em Paris para uma entrevista com uma freira de Loreto, a quem fora recomendada por um padre de Skopje, Gonxha chegou à sede das Irmãs de Loreto, em Dublin. O Instituto da Bem-Aventurada Virgem Maria, comumente conhecido como Irmãs de Loreto, é uma ordem religiosa voltada ao ensino e à evangelização. Gonxha permaneceu na Irlanda estudando inglês por cerca de seis semanas e, em 1.º de dezembro de 1928, começou uma viagem de cinco semanas pela Índia, onde as irmãs tinham uma presença de longa data.

Enquanto se afastava de sua vida na Europa, ela escreveu um poema que chamou de "Adeus". Se descreveu como "a pequena feliz de Cristo" viajando em direção à "fumegante Bengala" e à "tórrida Índia". A estrofe final dá um vislumbre do preço que ela pagou por deixar tudo o que amava por uma terra desconhecida:

> Delicada e pura como orvalho de verão,
> Suas lágrimas começam a fluir suaves e quentes,
> Selando e santificando agora
> Seu doloroso sacrifício.

Ela passou o Natal sem missa, pois não havia padre a bordo; porém um deles embarcou em uma parada no Sri Lanka, proporcionando uma celebração de Ano-Novo em oração. Ela colocou os pés em solo indiano em Madras. Nada em sua infância a preparara para o choque do que viu. Registrou suas primeiras impressões para a revista diocesana de sua terra natal:

> Muitas famílias vivem nas ruas, ao longo dos muros da cidade, mesmo em lugares onde passa muita gente. Vivem dia e noite a céu aberto, em esteiras que fizeram com grandes folhas de palmeiras – ou, com frequência, no chão nu. Estão todos virtualmente nus, usando, no máximo, tangas rasgadas [...]. Conforme seguíamos pela rua, vimos uma família reunida ao redor de um parente morto, envolto em farrapos vermelhos, coberto com flores amarelas, com o rosto pintado com listras coloridas. Foi uma cena terrível. Se nosso povo apenas pudesse ver tudo isso, pararia de reclamar dos próprios infortúnios e agradeceria a Deus por tê-los abençoado com tamanha abundância.

Ela chegou a Calcutá em 6 de janeiro de 1929, na festa da Epifania – o dia em que os cristãos celebram a universalidade do nascimento e da mensagem de Cristo. Essa coincidência foi adequada para a garota que se tornaria a missionária mais célebre da época.

Passou seus primeiros anos na Índia em um convento em Darjeeling, no sopé do Himalaia, estudando as Escrituras, teologia e ensinos católicos. Fez seus votos iniciais em maio de 1931 e se tornou Irmã Teresa – escolheu seu nome em homenagem a Teresa de Lisieux. Apelidada de "Pequena Flor", Santa Teresa tinha, como Madre Teresa descreveria mais tarde, uma forma de "fazer pequenas coisas com grande amor", e isso forneceu à jovem irmã o modelo para sua vida.

Depois dos votos, Irmã Teresa foi enviada para a comunidade de Loreto no bairro Entally, em Calcutá, para lecionar na Escola Saint Mary. Numa carta que enviou para casa, descreveu sua "indescritível felicidade" por estar em Calcutá. Compartilhou com seus amigos de Skopje suas impressões sobre a casa nova e o preço que estava pagando em sua missão para salvar almas.

> O calor da Índia está, simplesmente, queimando. Quando ando, parece que esse fogo está sob meus pés e que queima todo o meu corpo. Quando está mais difícil, me consolo com a ideia de que almas são salvas dessa forma e que o querido Jesus sofreu muito mais por elas [...]. A vida de uma

missionária não é repleta de rosas, na verdade, é mais cheia de espinhos; mas, com tudo isso, é uma vida cheia de alegria e felicidade quando pensa que está fazendo o mesmo trabalho que Jesus fazia quando estava na terra e que está cumprindo Seu mandamento: *Ide e ensinai a todas as nações*.

Ela praticamente não sairia de Calcutá pelos próximos trinta anos, apenas, ocasionalmente, quanto precisava viajar pela região mais ampla de Bengala. Passou a maior parte da vida naquela cidade ensinando e ministrando aos mais pobres.

—◆o◆—

Calcutá nem sempre foi o cenário de miséria e caos que seu nome traz à mente. Fundada em 1686, foi a orgulhosa capital da Índia Britânica e um próspero centro de comércio durante dois séculos. Os britânicos construíram uma cidade no estilo ocidental, com prédios comerciais e oficiais, grandes casas, parques, longas avenidas, bondes e serviços públicos. Mas, em 1911, eles mudaram a capital para Nova Delhi, e Calcutá viu seu poder e sua influência começarem a declinar. Quando Madre Teresa chegou, em 1929, Calcutá demonstrava sinais de decadência. O processo seria acelerado nos anos seguintes com conflitos religiosos, guerras e violência coletiva – e por uma população cada vez maior. Uma sucessão de enchentes, fomes e migrações de refugiados foi lentamente sobrecarregando a infraestrutura da cidade.

Apesar de tantos infortúnios, Calcutá permaneceu um centro cultural vibrante em meio às turbulências do século XX e continua a ser o centro intelectual da nação. Autores, poetas, filósofos e mestres da fé fizeram de Calcutá um lar para os mais inclinados à estética. Essa combinação de beleza e fragilidade inspirou Madre Teresa, e ela fez da cidade sua tela. Ela permitiu que as necessidades da cidade alimentassem sua compaixão e o fogo de sua fé cristã. Sem os fascinantes contrastes da cidade onde trabalhava – a vibração de sua cultura e a intensidade de seu sofrimento –, talvez ela nunca tivesse captado a imaginação do mundo. Foi como se as crianças abandonadas e os leprosos da cidade tivessem feito dela uma mãe, e as necessidades deles criaram sua capacidade heroica para servir. Porém havia limites para o que até ela podia fazer. Suas boas intenções sempre foram oprimidas pela magnitude da necessidade que sufocava a cidade. Uma necessidade que jamais poderia ser atendida.

Temia que, em minha jornada para ver Madre Teresa, eu também me sentisse oprimido. Ela e suas irmãs haviam trabalhado durante 35 anos para alcançar os desamparados, mas sua colcha de retalhos de programas não era grande o suficiente. Ela descreveu seu trabalho como "uma gota no oceano". Simplesmente, não há como ir a Calcutá e não ficar exposto aos moradores de rua, mendigos e miseravelmente pobres. Eu temia afundar na areia movediça da pobreza abjeta da cidade e planejei uma estadia de cinco dias no Havaí no meu retorno da Índia para casa, como recompensa por minha coragem.

Meu avião de Bangkok aterrissou em Calcutá, no Aeroporto Dum Dum ao nascer do sol. Retirei minhas bagagens e, ainda no aeroporto, fui engolido por tudo o que eu temia: crianças descalças pedindo dinheiro, mães vestidas em trapos com bebês e mãos esticadas, homens esquálidos pegando minhas malas, vacas vagando pelo terminal e, pior de tudo, nenhum sinal de meu transporte do consulado norte-americano.

Não tinha rúpias, nem a ajuda de algum bengali e nenhum amigo – apenas arrependimento de ter ido.

Enquanto procurava meu transporte, crianças de rua me cercaram, gesticulando em direção à boca para dizer que estavam com fome. Me chamavam "tio, tio" e repetiam a única outra palavra que pareciam saber em inglês, "dinheiro", às vezes puxando os bolsos das minhas calças. Contato visual apenas as deixava mais frenéticas, então tentei ao máximo olhar através delas, enquanto empurrava suas mãos sujas e seguia adiante.

Quando ficou claro que o funcionário consular não apareceria para me levar embora, segui até a área onde os táxis estavam estacionados, segurando firmemente as malas. Com uma falsa demonstração de confiança, escolhi um motorista ao acaso e coloquei as malas na parte traseira de seu carro antigo, modelo Ambassador.

Eu tinha escolhido um "abacaxi". Minutos após sairmos, o carro enguiçou. Seguiu até parar em uma estrada de terra em algum lugar no caminho de 24 quilômetros entre o aeroporto e a cidade. O motorista, enraivecido, disse palavras que tinham o som inconfundível e internacional de xingamentos, e eu o acompanhei em inglês. E logo me vi com as duas mãos na traseira do veículo, empurrando para ver se, com algum movimento, ele dava partida. Percebi que, se tivesse sucesso, o motorista talvez fosse embora com minha bagagem, o que, naquele momento, parecia um complemento adequado para aquela manhã.

Mas o carro engasgou de volta à vida, entrei rapidamente e seguimos para o sul, em direção à cidade. Em meio à nuvem que saía do escapamento, eu gritava do banco traseiro "New Kenilworth Hotel, Little Russell Road" incessantemente, na esperança de que o volume e a repetição superariam a barreira linguística. Em todas as direções eu via corpos, jovens e velhos, deitados sobre as calçadas e sobre a terra. Mesmo àquela hora da manhã, tudo já estava sufocante e agitado. Pessoas berravam, apitos da polícia zuniam, pássaros vasculhavam o lixo espalhado por todos os lados. Havia buzinas incessantes de táxis, enquanto os motoristas se acotovelavam com riquixás, ciclistas e homens descalços puxando carroças. Acrescente a isso o cheiro de esgoto e lixo queimado, e pode-se imaginar esse quadro infernal. Esse panorama de agonia era sufocante para o funcionário branco do congresso. Sentia que poderia cair de cara no chão a qualquer momento e nunca mais ser encontrado. O motorista localizou o hotel, mas minha nota de 20 dólares era inútil para ele. O funcionário do hotel me permitiu trocar alguns dólares, de modo que pude pagar adequadamente e, com isso, minha odisseia do aeroporto até o hotel estava completada.

O New Kenilworth Hotel era antigo, e meu quarto tinha apenas um ventilador para revolver a umidade e o calor. Como minha programação para visitar a sede das Missionárias da Caridade seria apenas na manhã seguinte, precisava fazer alguma coisa sozinho. Decidi caminhar pela vizinhança antes das chuvas da tarde. Sabia que isso me exporia a mais mendigagem e imundície, mas, tendo descoberto no aeroporto minha capacidade de ignorar o sofrimento humano, achei que poderia dar conta. Queria experimentar a sensação das ruas, como tinha feito em Bruxelas e Bangkok.

Mas essa aventura foi tão malfadada quanto minha chegada. Não havia placas de ruas ou sinais de tráfego, quase nenhuma sinalização em inglês e eu não entendia uma palavra do que as pessoas diziam. Em minutos, estava perdido.

Tentar refazer meus passos simplesmente piorou as coisas. Vaguei por horas, o suor ensopando minhas roupas. As lojas indistinguíveis, casas em ruínas, casebres abarrotados e letreiros com a foice e o martelo do governo comunista criavam um labirinto de esquinas e becos idênticos. Crianças rindo corriam e brincavam alheias ao ambiente miserável. Homens vestidos com o tradicional *dhoti* indiano se banhavam em uma bomba de água corrente. Outros escovavam os dentes no meio-fio ou cozinhavam sobre fogueiras de carvão a poucos metros do lixo em decomposição.

O que me impressionou foi o quão ocupados todos pareciam estar. Não havia a ociosidade que pode ser vista nas favelas dos Estados Unidos. Havia outras coisas que não se vê na América: cães esquálidos e cobertos de sarna e lesões; cabras amarradas à uma corda sob o olhar atento de um comerciante cuja loja é também sua casa; mulheres muçulmanas usando burcas pretas; mulheres hindus em saris com pintas vermelhas na testa e barriga de fora; homens deitados no meio-fio dormindo, doentes, possivelmente mortos; e vacas parando o trânsito enquanto procuravam pasto onde não havia. A superlotação estava por todos os lados, a densidade populacional de Calcutá era diferente do que eu tinha visto em qualquer outro lugar. Foi como um batismo de fogo.

Por fim, um empresário bem vestido, que falava inglês, me orientou em direção ao hotel. Ao me aproximar da entrada, outro indiano que falava inglês me abordou. Perguntou se eu queria companhia feminina. Apontou para uma garota de short que estava um pouco distante e que não devia ter nem quinze anos. O encarei e rapidamente me dirigi à entrada do hotel, enojado. Tinha tido o suficiente de Calcutá para um dia. Me arrependia de não ter reservado um quarto no único bom hotel, o Oberoi, que era próximo, no bairro comercial. Mas, depois da miséria que tinha visto nas ruas, meu quarto, com suas baratas e ventilador de teto, parecia um palácio.

Na cama, naquela noite, tentei lidar com o que tinha visto, ouvido e cheirado. Não conseguia tirar os puxadores de riquixá da mente. Todos pareciam iguais: baixos, magros e musculosos da forma mais esquálida. A pele deles era marrom-escura; o rosto, sujo; os dentes, apodrecidos. Descalços, sempre estavam com pressa, abrindo caminho pelo tráfego, puxando passageiros nas carroças. Alguns observadores se referiam a eles como "cavalos humanos" por causa da forma como levavam seus fardos num trote lento.

Frommer's India on $25 a Day era um guia de viagem popular na época. Ele tentou reconhecer a dimensão moral e ética da situação do puxador de riquixá:

Um riquixá – se sua consciência suportar esse exemplo de exploração imperialista – é uma forma maravilhosa para ter uma visão mais próxima (da vida das ruas). E, seja qual for sua opinião sobre os riquixás, são uma forma íntima de ver a ação. (A ocidentais socialmente conscientes, que reclamam de como riquixás "exploram a dignidade humana," um editor local respondeu sucintamente: "Bem, se todos se recusarem a contratá-los, o problema será resolvido espontaneamente: eles morrerão de fome".)

Calcutá não é um lugar fácil. Para mim, sempre foi repleto de desafios morais e espirituais. Naquela primeira viagem, a cidade me obrigou a andar por ruas cheias de sofrimento e imundície. Ela exibiu tudo o que eu temia. Muito do que vi me assustou, e boa parte disso me enojou. Porém, depois de um dia em meio aos puxadores de riquixá, crianças famintas e homens se banhando na rua, não estava mais com tanto medo.

Ao se revelar para mim, Calcutá também estava me ajudando a me ver melhor. Estava me despindo de meu orgulho. Eu tinha muito mais em comum com os mendigos do que queria reconhecer. A diferença era que suas imperfeições estavam expostas, as minhas estavam escondidas. Apesar de minha recém-descoberta gratidão por meu quarto de hotel imundo, ele não podia me fornecer o descanso que eu desejava; estava perfeitamente ciente de que o homem no espelho não era tão sábio quanto eu imaginava. Fui forçado a confrontar tudo o que havia de desorientado, imundo e destroçado em mim.

Capítulo 2

Conhecendo a Madre

"Aceite tudo o que Ele dá, e dê tudo o que Ele toma, com um grande sorriso."
– Madre Teresa

Minha segunda manhã em Calcutá começou às cinco horas, mas estava acordado havia mais tempo. Me mexi na cama a noite toda, no quarto de hotel quente e úmido, oprimido pela cidade e nervoso com meu compromisso. Ia me encontrar com Madre Teresa, a única razão de ter ido a Calcutá.

Já estava suando quando cheguei ao saguão, onde o motorista do consulado me esperava o para me levar à missa das seis da manhã na sede das Missionárias da Caridade, o convento da congregação religiosa. Meu compromisso estava marcado para imediatamente após a missa. O complexo limpo e organizado era um alívio em relação à sujeira e ao caos da cidade. A capela era no segundo andar e estava lotada com centenas de freiras vestidas com idênticos saris brancos com listras azuis. Olhei a multidão à procura de Madre Teresa, mas era impossível dizer qual cabecinha coberta era a dela. Encontrei um lugar com os voluntários e turistas no canto direito da capela e me sentei junto à parede dos fundos, esticando o pescoço para assistir à missa.

As janelas da capela, com vista para a Lower Circular Road, estavam abertas, mas ofereciam pouco alívio para o calor e a umidade. No entanto, deixavam entrar ondas de fumaça de escapamento, os guinchos dos bondes e os gritos dos melros próximos ao prédio. Mas essa cacofonia não conseguiu diminuir a beleza das irmãs cantando seus louvores a Deus quando a missa começou. Ali estava um verdadeiro "coro de anjos".

As leituras bíblicas das missas católicas não são escolhidas localmente. São tiradas do Lecionário, uma extensa coletânea de passagens bíblicas selecionadas há muito tempo pelo Vaticano. As seleções seguem uma ordem, sem exceção, ano após ano, por todo o mundo. As missas dos dias de semana incluem uma leitura de um dos quatro Evangelhos, precedida por um trecho do Antigo ou do Novo Testamento. Essa missa era da "Terça-feira da 20.ª semana do Tempo Comum, Ano Um", que acontece a cada dois anos no meio de agosto.

Me perguntava, enquanto me preparava naquela manhã, se uma das leituras do dia poderia ter uma mensagem secreta de Deus para mim, já que tinha vindo de tão longe em busca de iluminação. Não fiquei desapontado. A passagem do Evangelho e o sermão que se seguiu pareciam estar direcionados a mim. A leitura era de Mateus 19 e começava com as palavras de Jesus. *Em verdade vos declaro: é difícil para um rico entrar no Reino dos céus! Eu vos repito: é mais fácil um camelo passar pelo fundo de uma agulha do que um rico entrar no Reino de Deus.*

Eu já tinha ouvido essa passagem muitas vezes antes, mas nunca em uma cidade onde a distância entre os ricos e os pobres era tão dramática e tão óbvia. Olhei pela capela para as mulheres que tinham, voluntariamente, feito um voto de pobreza e me senti envergonhado. Materialmente, o contraste da minha vida de conforto e facilidades com a vida simples e desimpedida delas não poderia ser mais claro. Espiritualmente também, eu era o homem rico do Evangelho: estava focado em conquistas mundanas e coisas materiais. Estava longe do paraíso, e as humildes freiras tornavam impossível ignorar aquilo.

O padre falou que existem dois tipos de pessoas no mundo: as que colhem e as que dão. E cada homem deve decidir qual ele será. As freiras ao meu redor tinham feito sua escolha. Mas que escolha eu tinha feito? Praticamente todas as minhas atividades eram dedicadas ao meu progresso profissional e social – além das dedicadas ao meu próprio prazer, é claro. Fora do trabalho, passava a maior parte do tempo vendo televisão ou indo ao cinema e a eventos esportivos. Olhei pela capela e vi pessoas da minha idade, de todos os lugares do mundo, que tinham vindo para a Índia para servir os outros nas mais difíceis condições. E ali estava eu, sentado entre elas como um espectador. Eu era o coletor encarnado. A homilia do padre e o exemplo silencioso das freiras também me forçaram a confrontar o quão egoísta era a minha viagem; graças a mim, Madre Teresa estava prestes a se tornar uma história particularmente boa para impressionar os funcionários do Capitólio no happy hour.

A vergonha dessa constatação, por si só, teria sido suficiente para transformar um homem humilde. Eu estava envergonhado, mas igualmente inflexível. Eu podia não ser um servo altruísta como os outros na capela, pensei, mas tinha muita companhia lá fora, no mundo real. Se não estava fazendo muito trabalho prático pelos outros, também não estava prejudicando ninguém. O padre demandou uma escolha, mas eu tinha certeza de que podia ser um coletor *e* um doador.

Logo após a homilia, tive meu primeiro vislumbre de Madre Teresa enquanto ela andava para receber a Santa Comunhão e distribuí-la às suas irmãs. Foi apenas por um momento, então a congregação ficou de pé e ela se perdeu novamente no mar de saris brancos. As irmãs saíram correndo da capela. Elas e os outros voluntários foram fazer seu trabalho nas casas das Missionárias da Caridade: cuidando de crianças no orfanato Shishu Bhavan, atendendo os moribundos em Kalighat, ou dando banho e alimentando os deficientes ou doentes mentais em Prem Dan. Aqueles doadores estavam vivos com propósito; tinham um lugar para estar.

Este turista, por outro lado, não tinha pressa. Eu tinha vindo a Calcutá para colher e não para dar, e parecia que as freiras estavam fazendo um bom trabalho sem mim. E logo estava sozinho na capela. Tinha visto Madre Teresa novamente quando saíra com os outros, mas não sabia para onde ela tinha ido e tinha a impressão de que teria que caçá-la. Mas, em instantes, ela retornou à capela para suas meditações diárias sobre a paixão de Cristo, representada nas catorze imagens – o que os católicos chamam de Via Sacra – que estavam uniformemente dispostas na parede da capela. Permaneci no meu banco, no canto, enquanto ela seguia de uma imagem para a seguinte, lentamente se movendo em minha direção, segurando firme seu pequeno livro de orações, recitando de modo inaudível as orações apropriadas para cada imagem. Eu estava sentado abaixo da última. Finalmente ela chegou ao final e se postou bem à minha frente, apenas a alguns metros de distância. Não tirou os olhos da imagem acima da minha cabeça. Parecia perdida na oração, sozinha com Deus.

Quando terminou essa última meditação, se encaminhou para a frente da capela para se ajoelhar perante a imagem de Maria, mãe de Jesus. Então saiu. Cuidadosamente, a segui e a vi desaparecer atrás da cortina branca translúcida, que separava os aposentos particulares das freiras da parte pública do convento. Encontrei uma irmã próxima, apresentei minha carta de recomendação do Senador Hartfield e mostrei a ela o quão importante era e por que merecia uma audiência com Madre Teresa. Polidamente, ela me pediu que me sentasse em um banco e foi para trás da cortina.

Minutos depois, Madre Teresa apareceu. Irrompeu na área onde eu estava sentado com a energia de uma garotinha. Chegou tão rapidamente e se sentou ao meu lado que nem tive a chance de me levantar para cumprimentá-la adequadamente. Ali estava eu, sentado ao lado de uma santa viva! Era muito pequena – nem um metro e meio de altura –, mas tinha mãos grandes e macias, que envolveram as minhas quando me recebeu. Eram como almofadas. Seu inglês com sotaque era perfeitamente claro. Seus olhos castanhos se fixaram nos meus.

Em um instante percebi que ela era tudo o que eu não era: focada, determinada, alegre. Eu estava impressionado pelo quão cheia de vida ela parecia. Naquela semana, tinha completado 75 anos, ainda assim, era jovem e vigorosa. Perguntou pelo Senador Hartfield e me agradeceu por sua carta. Também me perguntou se eu conhecia suas Irmãs Missionárias da Caridade em Washington. Confessei que não conhecia, e ela me pediu que lhes transmitisse suas saudações quando eu retornasse para casa.

Então veio a fatídica pergunta: "Já esteve na Casa para os Moribundos, em Kalighat?". Expliquei que havia chegado apenas no dia anterior, embora um simples não teria sido suficiente. "Vá lá", falou, "e pergunte pela Irmã Luke". Eu disse que ficaria feliz em ir a Kalighat. Tinha o restante do dia para gastar e imaginava que a visita poderia levar ao tipo de experiência maravilhosa que Malcolm Muggeridge havia descrito em seu livro. E, mesmo que não, sem dúvida seria uma boa história para contar aos colegas na volta para casa.

Isso concluiu nossa breve conversa – durou apenas alguns minutos. Ela se levantou e, no estilo indiano, juntou as mãos em frente ao rosto para se despedir. Se virou e foi embora.

◆o◆

Desde cedo, Agnes Gonxha sonhava com uma vida de missionária. Sabia que seria uma vida de dificuldades e austeridade. Mas não queria uma vida fácil, e suas primeiras experiências como freira não a desapontaram. Em 1931, a recém-professada Irmã Teresa foi enviada para o bairro Entally, em Calcutá, para o complexo murado de Loreto, onde cerca de setecentas meninas indianas viviam e estudavam. A maioria das meninas frequentava as aulas em inglês na escola principal; na Saint Mary, uma escola separada ainda dentro do complexo, as aulas eram ministradas em bengali. Irmã Teresa ensinava história e geografia na Saint Mary e, durante um período, e a seu pedido, foi designada para dar aulas na escola paroquial local, a Saint Teresa, uma experiência que a introduziu à miséria nos arredores do complexo.

Em maio de 1937, Irmã Teresa professou seus votos finais como freira e recebeu o nome de "Madre Teresa", seguindo o costume de Loreto na época. Continuou a lecionar na Saint Mary, mas começou a levar pequenos grupos de alunas para cuidar dos pobres que sofriam nas favelas espalhadas pelos arredores da propriedade do convento. "Todos os domingos, visito os pobres nas favelas de Calcutá", escreveu a um amigo de sua terra natal. "Não posso ajudá-los, porque não tenho nada, mas vou para dar a eles um pouco de alegria [...]. Por isso, não me admiro que meus pobres pequeninos [seus alunos] amem tanto a escola." Em uma casa, doze famílias viviam juntas, cada uma em um pequeno cômodo. Após visitar casas assim, ela não se surpreendia mais com tantas crianças sofrendo de tuberculose. Seu coração se partiu ao ver crianças que precisavam de muito mais do que uma professora de geografia.

Não muito longe de Entally, o conflito estava se formando. Outra guerra mundial começava e as tensões estavam altas após o Japão ter invadido a China. O Raj Britânico estava sob crescente pressão de Mahatma Gandhi e de outros movimentos nacionalistas que demandavam a independência indiana. Sua causa só ganhou força quando, em 1939, o Reino Unido declarou guerra em nome da Índia. A declaração fomentou ainda mais a agitação doméstica.

À medida que as forças imperiais japonesas avançavam em direção à Península Malaia, em 1942, a Índia, e em particular Bengali, a província da qual Calcutá era a capital, ficou sob crescente ameaça. Até o complexo de Loreto estava em pé de guerra. A maioria das freiras fora realocada para locais mais seguros na Índia, ou enviada de volta à neutra Irlanda. Madre Teresa foi uma das duas que ficaram com as alunas que não puderam ser evacuadas. A escola Saint Mary tinha sido requisitada como hospital militar, e ela alugou espaços em dois lugares para as aulas e abrigo. A carga de trabalho era implacável. Ela estava cuidando de trezentas alunas durante uma guerra e isso quase acabou com sua saúde. Recebeu ordens para tirar horas de descanso diário ao meio-dia, mas, ainda assim, lecionava em sete turmas, acalmava os temores de centenas de garotas e cuidava de suas refeições.

Esta última pode ter sido sua maior façanha. Em 1943, a fome em Bengali ceifou a vida de pelo menos dois milhões de pessoas e deslocou incontáveis outras. A província enfrentou uma enorme crise humanitária. Invasores do campo inundaram a cidade, procuraram por comida e lutaram, não contra os japoneses, mas contra a fome. Madre Teresa e suas alunas muito pouco podiam fazer para mitigar o sofrimento das massas famintas que fluíam para as favelas, enquanto lutavam para sobreviver.

Quando a guerra terminou, em 1945, os indianos exigiram o fim do domínio colonial; contudo, o que os principais grupos étnicos pensavam sobre como a Índia deveria ser após a independência era muito diferente. Alguns, como Gandhi, queriam uma Índia independente que se mantivesse unida e fornecesse garantias que protegessem os direitos das minorias religiosas. Outros queriam criar um estado muçulmano independente. Em 16 de agosto de 1946, pouco mais de um ano após o fim da Segunda Guerra Mundial, a inimizade latente entre muçulmanos e hindus explodiu em derramamento de sangue em Calcutá, quando uma reunião de muçulmanos em busca de sua própria pátria ficou terrivelmente fora de controle. Isso ficaria conhecido como "O Dia da Grande Matança" e, anos mais tarde, Madre Teresa mal conseguia falar do assunto. Facções de muçulmanos entraram em fúria, emboscando e matando hindus indiscriminadamente. Hindus retaliaram no dia seguinte com semelhante selvageria. Calcutá foi tomada por atos recíprocos de limpeza étnica.

Madre Teresa e suas centenas de alunas se amontoaram atrás dos muros do convento de Loreto enquanto os tumultos aconteciam. Nessa época, ela havia se tornado a diretora da escola Saint Mary e era madre superiora da congregação bengali afiliada a Loreto, as Filhas de Santa Ana. Como não tinham comida, Madre Teresa corajosamente se aventurou a sair, correndo grande risco pessoal, para obter sacos de arroz em uma unidade militar que patrulhava a vizinhança. "Não devíamos sair às ruas", ela lembrou, "mas fui mesmo assim. Foi quando vi os corpos na rua, esfaqueados, espancados, deitados ali sobre seu sangue seco." Os soldados britânicos ficaram assustados ao ver essa pequena mulher andando em sua direção, em meio a todo aquele caos. Ela era realmente destemida em sua vocação.

Naquela tarde, meu motorista me pegou no hotel e atravessou a cidade para me levar até Kalighat. A estrada até a entrada do bairro estava tão cheia de comerciantes de rua e pedestres, que o carro mal conseguia passar. E só conseguiu graças a uma incessante buzina, que advertia e ameaçava os transeuntes.

Chegamos à Casa para os Moribundos, que ficava em um canto de um grande templo dedicado à deusa hindu Kali, e precisei abrir caminho através de uma multidão de mendigos e guias turísticos, todos querendo dinheiro. Entrei e perguntei pela irmã Luke. Em alguns instantes, ela apareceu. Era maior do que a Madre, usava óculos de aro de tartaruga pretos e não sorria. Comecei a contar com orgulho meu encontro particular daquela manhã com Madre Teresa (eu já estava usando o nome dela!) e como ela havia me mandado vir conhecer Kalighat. A irmã Luke ouviu e então disse: "Bom! Aqui está um pouco de gaze e benzoato de benzila. Vá até a cama 46 e limpe o homem que está lá. Ele tem sarna".

"Cama 46?", falei, como que buscando algum esclarecimento. Não tinha vindo a Kalighat como voluntário! Tinha vindo para uma visita! Estava usando camisa branca engomada, de mangas compridas, que havia enrolado até os cotovelos, calça comprida e sapatos sociais – um pouco bem vestido demais, uma vez que as irmãs estavam descalças e os voluntários usavam shorts e chinelos. Tinha vislumbrado a irmã Luke me cumprimentando e me levando para conhecer o lugar, após o que eu lhe daria algum dinheiro e iria embora. Jamais teria vindo a Kalighat se soubesse que seria pressionado a servir. Pior, como tinha acabado de chegar, não poderia dizer a ela que tinha outro compromisso. Tentei, freneticamente, pensar em uma maneira de escapar da situação, mas não encontrei nenhuma forma plausível ou educada para declinar do convite para ajudar. Peguei as coisas e segui meu caminho. Estava preso ao sr. Sarna da cama 46.

A verdade é que eu era orgulhoso demais para admitir para irmã Luke que não queria tocar em ninguém naquele lugar miserável. O que diria quando voltasse aos Estados Unidos e minha mãe perguntasse o que eu lhe trouxera? Sarna? Não havia qualquer parte de mim que quisesse ir até a cama 46 e limpar um homem moribundo. Só fui por causa do meu enorme orgulho. Atravessei o salão quase em transe, descendo pela passagem estreita entre fileiras de catres, até o fim da ala masculina, onde ficava a cama 46.

O que encontrei foi um homem imóvel sob um cobertor, com bochechas afundadas e pálpebras ligeiramente rachadas. Parecia morto. Comecei a me sentar no catre – e me sentei em cima de sua perna! Ele suspirou. Não tinha visto sua perna; era tão fina que ficava imperceptível debaixo do cobertor. Ele fez uma careta, mas estava fraco demais para reclamar. Rapidamente me reposicionei e fiquei ali sentado. Não tinha ideia do que fazer. Após alguns minutos, um homem passou, um dos voluntários. Disse a ele: "Irmã Luke me mandou limpar este homem. Ela falou que ele tem sarna".

O homem respondeu com um distinto sotaque irlandês. "Isso mesmo, ele tem."

"O que são sarnas?", perguntei.

"Elas se enterram na pele e coçam. Você vai ver onde estão – placas vermelhas na pele." Ele estava ansioso para se afastar, já que estava cuidando de outro paciente.

Insisti com mais uma pergunta. "Sabe onde estão as sarnas dele?"

"Estão no entorno do ânus", respondeu com naturalidade.

O dia estava ficando cada vez melhor! O fiapo de homem na cama 46 cooperou quando o virei de lado. Estremeceu enquanto eu aplicava o medicamento em sua irritação. Olhava para a frente, resignado com o cuidado de um total estranho empoleirado ao lado de sua cama.

Quando terminei, o posicionei de volta a como o havia encontrado. Ele não fez contato visual comigo. Eu lhe dei um gole de água de uma caneca que estava no chão ao lado da cama. Enquanto estava do seu lado, percebi quanto esforço fazia para respirar. A morte parecia estar sobre ele. Os homens ao redor não estavam em melhores condições. Aquele ambiente cheio de sofrimento me parecia horrível, mas, é claro, era totalmente esperado de uma casa para moribundos. Vi um homem em um canto mais distante com um dos pés horrivelmente aumentado, uma doença que, um voluntário me explicou mais tarde, se chamava filariose, frequentemente chamada de elefantíase. A visão era tão grotesca que parei de olhar ao redor. Comecei a me concentrar em minha estratégia de saída, embora estivesse ali havia meros quinze minutos.

Mas a irmã Luke não tinha acabado comigo ainda. Fui convocado, da cama 46, a limpar outros três homens e depois a alimentar mais alguns, incluindo um cujos olhos estavam fechados de tão inchados e outro que percebeu a diferença chocante entre meu antebraço saudável e o seu lamentavelmente magro. Continuei a seguir as ordens da irmã Luke e a trabalhar na ala porque não conseguia encontrar uma desculpa adequada para ir embora. Certamente não estava gostando do que estava fazendo, embora, conforme o tempo passava, sentisse menos repulsa.

Depois de aproximadamente quarenta minutos de voluntariado, senti que poderia escapar sem escandalizar a Irmã Luke nem me humilhar. Disse a ela que precisava partir para preparar meu retorno aos Estados Unidos no dia seguinte. Ela me respondeu: "Um dia não é suficiente". Conforme saía, pensei comigo: "Na verdade, irmã, uma hora é suficiente". Estava ansioso para sair de Kalighat. Voltei ao hotel, abri uma cerveja e agradeci a Deus por estar saindo da Índia no dia seguinte.

Durante minha estada em Kalighat, não ouvi nenhum coro angelical, não vi qualquer flash de luz celestial ou experimentei algum arrebatamento espiritual. O tempo todo estava preocupado com o medo de pegar sarna ou tuberculose de um dos pacientes e com a tentativa de arranjar um jeito de me livrar na primeira oportunidade. Mas não era possível escapar do fato de que havia cruzado um tipo de barreira – tinha tocado em pessoas desesperadamente pobres. Tinha saído da minha zona de conforto e sobrevivido. Me sentia, de alguma forma, mais homem por ter superado meus medos e feito um pouco de bem. Aprendera no livro de Malcolm Muggeridge que a Madre falava sobre os moribundos como "Jesus em Seu disfarce angustiante". Mas eu tinha experimentado apenas o angustiante e não tinha sentido nada da presença do Deus vivo. Não tinha sido uma experiência espiritual.

Naquela noite, mal dormi, com medo de perder meu voo. Saí para o aeroporto às 4h15 da manhã. No início, enquanto atravessávamos a cidade, olhei pela janela para os corpos deitados nas calçadas – família inteiras amontoadas com apenas as roupas do corpo. Não havia um quarteirão sequer que não estivesse cheio de moradores de rua dormindo nas calçadas. Depois de um tempo, parei de olhar. Estava farto de Calcutá. O aeroporto Dum Dum parecia mais tranquilo do que quando cheguei, talvez porque minha imersão na cidade tenha amortecido algumas das minhas sensibilidades. Porém, ainda assim fui apressadamente até o balcão de check-in – um cancelamento ou atraso no voo teria sido devastador. Quando o avião decolou, deixar a Índia foi como um alívio abençoado.

Eu tinha organizado uma parada no Havaí na volta para casa e, certamente, sentia que estava merecendo. O Havaí era tudo o que deveria ser – areia branca, palmeiras, drinques com frutas –, mas eu estava tão desconfortável admirando a beleza de Honolulu quanto estivera olhando a pobreza de Calcutá. O paraíso que deveria ser minha recompensa por ter enfrentado a Índia corajosamente parecia vazio. O contraste entre os dois lugares era simplesmente grande demais para conciliar. Os abacaxis suculentos que decoravam a recepção do hotel chique eram mais saudáveis do que as pessoas que eu tinha deixado para trás nas ruas de Calcutá. Os funcionários regando os gramados do hotel trouxeram à minha mente o ritual matinal dos moradores de rua agachados no meio-fio, usando latas enferrujadas para se lavar. As mulheres de biquíni se bronzeando na praia estavam longe demais das jovens mães vestidas com trapos, assando na calçada quente enquanto mendigavam.

Era demais para eu processar. Os luxos oferecidos pelo hotel tinham perdido seu apelo. Enquanto reclinava numa espreguiçadeira à beira da piscina, pensava no homem a 11 mil quilômetros de distância, deitado na cama 46. Não era assim que o Havaí deveria ser. Meus cinco dias nas ilhas de Oahu e Maui foram passados em um redemoinho de confusão. Me senti desequilibrado, inseguro de tudo. Esse caos emocional foi o primeiro sinal de uma epifania. Algo havia mudado dentro de mim enquanto eu estava na Índia. Tinha ido a Calcutá ver Madre Teresa na esperança de ser curado como o cego foi curado por Jesus. Em vez disso, ela tinha aberto meus olhos.

Capítulo 3

Escolher sempre o mais difícil

"Se você é humilde, nada o tocará, nem orgulho nem desgraça,
porque você sabe o que é."
– Madre Teresa

Estava em algum lugar sobre o Pacífico, voltando para Washington, quando percebi que devia estar sentindo falta de Calcutá e que, definitivamente, sentia falta de Madre Teresa, embora a tivesse encontrado rapidamente. Meus pensamentos continuavam voltando para Kalighat e o curto tempo que passei lá. Não conseguia tirar da mente aqueles rostos magros e corpos frágeis.

A Madre acreditava que, quando olhava para os destituídos e moribundos, estava vendo a real presença de Deus na terra. Levei alguns anos para entender mais profundamente como Deus, o faminto, sedento e doente, esperava por mim na cama 46, e que foi quando toquei aquele homem moribundo que Deus me tocou de volta.

Essa percepção provavelmente nunca teria acontecido se eu não tivesse mantido a promessa que fiz à Madre de visitar suas irmãs em Washington e transmitir seus cumprimentos. Minha rotina confortável e a adrenalina do Capitólio me sugavam com força, mas me senti na obrigação de cumprir minha promessa. Um cara teria que ser um verdadeiro fracassado para não manter a palavra que dera a Madre Teresa!

Dez dias depois de minha volta, encontrei o convento das Missionárias da Caridade em Anacostia, a área mais pobre e violenta de Washington. Irmã Manorama, uma pequena freira indiana, apenas um pouquinho mais alta que a Madre, me recebeu na porta e era a imagem de bondade e bom ânimo. Ela e as três irmãs ficaram animadas em ouvir as histórias sobre minha viagem, minha visita à Madre e meu tempo em Kalighat.

Assim como na Índia, foi um simples convite de uma freirinha que me encurralou. Irmã Manorama perguntou:

– Por que você não vem no sábado pela manhã e nos ajuda em nossa cozinha comunitária? – Ela deve ter pensado que, se eu tinha sido voluntário em Kalighat, um turno numa refeição em Washington não seria exatamente uma tarefa difícil. Seu pedido foi inocente. Meu aceite, não. Concordei porque, assim como com a Irmã Luke, não consegui uma forma de dizer não. Que desculpa eu teria? Estava planejando dormir até as dez da manhã, comer panquecas de mirtilo no Eastern Market, assistir a um jogo de futebol universitário pela TV e depois me encontrar com amigos no bar. Não tive coragem de dizer a verdade. Então, concordei em ir naquele fim de semana, silenciosamente garantindo a mim mesmo que servir algumas canecas de sopa para alguns desabrigados não seria, nem de perto, tão ruim quanto esfregar sarna em um moribundo. Resolvi que a visita à cozinha comunitária seria um exercício tipo "só esse e pronto", como em Calcutá.

◆◇◆

Algumas semanas após os massacres de agosto de 1946, Madre Teresa saiu de Calcutá. Estava exausta e necessitada de descanso e oração. No trem para Darjeeling, aos pés do Himalaia, ela teve uma experiência mística. Enquanto orava, ouviu Cristo chorando na cruz: *Tenho sede*. Essa mensagem de Deus definiu o curso do restante de sua vida.

Ela entendeu que essa sede era Jesus desejando amar e ser amado. "'Tenho sede' é algo muito mais profundo do que Jesus dizendo 'Amo você'", explicou mais tarde. "Até entender profundamente que Jesus tem sede de você, você não pode começar a saber quem Ele quer ser para você. Ou quem Ele quer que você seja para Ele."

Para ela, o clamor foi um apelo específico de saciar a sede de Jesus por meio de obras de misericórdia entre os "mais pobres dos pobres". O que ela chamava de "a Voz" explicitamente lhe disse para entrar nos "buracos escuros" das favelas e levar amor e dignidade aos pobres por meio do trabalho de suas próprias mãos.

A Voz não deixou espaço para mal-entendido, lhe dizendo: "Sua vocação é amar, sofrer e salvar almas [...]. Você se vestirá com roupas simples indianas, ou como Minha Mãe se vestia: simples e pobre".

"A mensagem foi bem clara", ela explicou à sua amiga Eileen Egan anos mais tarde. "Eu devia deixar o convento e trabalhar com os pobres, vivendo entre eles. Foi uma ordem. Sabia o lugar a que pertencia, mas não sabia como chegar lá."

A experiência de Madre Teresa no trem para Darjeeling tinha alguma semelhança com a de Maria de Nazaré, na Anunciação, quando o anjo Gabriel lhe disse que conceberia e daria à luz o filho de Deus. Às duas mulheres foram dadas tarefas para além da compreensão humana. Assim como Maria escolheu confiar no mensageiro de Deus e se entregar (*Eis aqui a serva do Senhor. Faça-se em mim segundo a tua palavra.*), também Madre Teresa acreditou sem compreender. "Entrega total e confiança amorosa são gêmeas", observou mais tarde para suas irmãs. E nada menos do que confiança heroica em Deus seria suficiente, porque seus novos deveres pareciam ser totalmente inatingíveis: como aquela pequena mulher europeia deixaria a segurança do convento e se aventuraria sozinha nos guetos de Calcutá, sem dinheiro ou ajuda?

Ela confidenciou ao Padre Celeste Van Exem, um dos padres jesuítas que dava assistência no convento de Loreto, em Entally. Além de ser seu orientador espiritual, Van Exem era bem relacionado em Calcutá e conhecia os passos que ela teria que dar para deixar Loreto e começar sua nova missão. Precisaria de permissão do arcebispo de Calcutá, Ferdinand Perier; de sua superiora na Irlanda, Madre Gertrude; e do Papa. Levaria quase dois anos – seis meses dos quais foram passados em um exílio virtual em outra escola de Loreto, em Asansol, uma cidade a 225 quilômetros de Calcutá – para que todos concordassem. O Arcebispo Perier se arrastou por quase um ano, até que ela, por fim, compartilhou com ele os detalhes das três visões que recebera em Asansol. Descreveu como vira uma "grande multidão [...] coberta em escuridão" lhe implorando que cuidasse dos pobres; Maria teria feito um apelo semelhante e, por fim, o próprio Jesus na cruz. No mês seguinte, em janeiro de 1948, o arcebispo finalmente deu seu consentimento e prometeu ajudar a garantir a aprovação do Vaticano. "Estou profundamente convencido de que, negando meu consentimento, impediria a realização, por meio dela, da vontade de Deus", ele escreveu em sua carta à Madre Gertrude.

Esses anos impacientes para a Madre também foram os que viram a Índia conquistar sua independência. Bengala continuava a sofrer surtos periódicos de violentos combates entre hindus e muçulmanos que apenas se intensificaram depois que partes de Bengala foram extirpadas da Índia para criar o Paquistão Oriental. O aumento da violência em Calcutá e a chegada de legiões de hindus saídos da nova nação muçulmana apenas intensificaram o desejo de Madre Teresa de aliviar o sofrimento incessante dos mais pobres. Como escreveu à Madre Gertrude: "Se a senhora estivesse na Índia, se visse o que tenho visto há tantos anos, seu coração também desejaria dar a conhecer Nosso Senhor aos pobres que sofrem os mais terríveis sofrimentos e também a eternidade na escuridão, pois não há freiras para ajudá-los em seus próprios buracos escuros. Deixe-me ir, querida Madre Geral", implorou.

E, por fim, a ordem Loreto e o Vaticano a deixaram ir. Ela se despediu dos amigos, chorou quando as alunas cantaram canções bengali em sua despedida e, com os poucos pertences, deixou as confortáveis instalações do convento em Entally que, por quase duas décadas, fora seu lar. Ela sempre afirmou que esse foi o passo mais difícil que deu em sua vida. Foi, disse, "muito mais difícil deixar Loreto do que deixar minha família".

Antes que pudesse iniciar sua missão para valer, precisaria de algumas novas habilidades. Então, a Madre foi para Patna, distante quase quinhentos quilômetros, no estado vizinho de Bihar, para ser treinada pelas Irmãs da Missão Médica, um grupo especializado em tratar dos pobres. Ela recebeu três meses de treinamento intenso e se tornou proficiente no tratamento de feridas infectadas, lesões de lepra, disenteria e outras condições graves, comuns entre moradores de rua.

As missionárias experientes ensinaram a ela mais do que enfermagem. Deram-lhe conselhos práticos que a sustentariam como cuidadora dos necessitados, insistindo que deveria cuidar também de si. Uma missionária precisava de refeições simples cheias de proteína, um cochilo diário e um dia de descanso semanal. Também a aconselharam a manter a cabeça coberta ao mínimo enquanto trabalhava no calor da Índia e a usar roupas que suportassem lavagem diária, essencial para evitar a disseminação de doenças infecciosas. Esse conselho se mostrou inestimável na criação das Missionárias da Caridade.

Madre Teresa voltou para Calcutá e começou seu trabalho nas favelas Moti Jihl, em Entally, em 21 de dezembro de 1948, usando pela primeira vez o que se tornaria sua marca registrada: um sari de algodão branco com listras azuis. Não foi apenas uma ruptura dramática com o longo hábito preto e cobertura de cabeça engomada que usara por quase duas décadas, mas também uma declaração de solidariedade com aqueles a quem serviria. O tecido estava associado à casta mais baixa entre os indianos. Para muitos, Madre parecia uma mendiga. "Foi um choque ver a Madre nesse sari", relembra Irmã Monica, a décima oitava garota a seguir Madre Teresa. "Todos ficaram sem fala." A Madre não tinha contado a ninguém que sua decisão de usar um sari simples derivou de uma visão na qual o próprio Jesus havia determinado o que ela deveria vestir. Em vez disso, explicou que, se ela e suas irmãs vestissem os tradicionais saris de seda, os pobres ficariam ocupados demais em mendigar a elas do que serem servidos por elas.

Madre Teresa enfrentou zombaria no começo. Muitos dos que ouviram seus planos de trabalhar entre os indigentes ficaram incrédulos. Um padre de Calcutá disse: "Ela é maluca". Outro atribuiu seus trabalhos a "ciladas do diabo". E sua tarefa realmente parecia impossível e difícil. Nas favelas, ela encontrou apenas sujeira e miséria, pobreza e sofrimento. Descreveu em seu diário um "velho deitado na rua – abandonado – sozinho, apenas doente e moribundo" e "uma mulher muito pobre morrendo, eu acho, de fome mais do que de tuberculose". Mas os pobres estavam felizes em tê-la; uma família permitiu que ela usasse seu chão de terra como lousa para lecionar para cinco crianças de casebres vizinhos. Quando a notícia de uma freira europeia ensinando crianças pobres se espalhou, as cinco do primeiro dia rapidamente se transformaram em quarenta.

Naqueles dias difíceis, houve momentos em que ansiou pela segurança do convento e pela companhia de suas amigas de lá. Como escreveu em seu diário:

Hoje aprendi uma boa lição: a pobreza dos pobres deve ser muito difícil para eles. Quando saí procurando um lar, andei e andei, até minhas pernas e braços doerem. Pensei em como eles também devem sentir dor no corpo e na alma buscando um lar, comida, ajuda. Então a tentação cresceu. Os prédios palaciais de Loreto vieram à minha mente, todas as belas coisas e confortos, as pessoas com quem se misturam, em uma palavra, tudo. "Você só precisa dizer e tudo será seu novamente", o tentador ficava repetindo. De [minha] livre vontade, meu Deus, e por amor a Ti, desejo permanecer, e faça sempre por mim o que for de Sua Santa Vontade. Não deixei uma única lágrima cair. Mesmo que eu sofra mais do que agora, ainda quero fazer Sua Santa Vontade. Esta é a noite escura do nascimento das Missionárias da Caridade. Meu Deus, me dê coragem agora, neste momento, para perseverar em seguir Seu chamado.

Ela sofreu "torturas de solidão" naquelas primeiras semanas sozinha após décadas dentro da comunidade de um convento, mas não ficaria só por muito tempo. A primeira jovem a ingressar em sua irmandade chegou no mês seguinte. Seu nome era Subashini Das, uma aluna do Saint Mary que conhecia Madre Teresa havia anos. A jovem escolheu "Irmã Agnes" como seu nome religioso em homenagem ao nome de batismo da Madre. No mês seguinte, Magdalena Gomes, também ex-aluna, veio e recebeu o nome de "Irmã Gertrude", em homenagem à Madre Geral de Loreto, em Dublin, que concedeu à Madre Teresa permissão para sair. Gertrude era tão alta quanto baixas eram a Madre e Agnes, e era muito popular entre os alunos da Saint Mary. Além disso, entrou em contato com uma antiga colega, que também se juntou imediatamente ao grupo, se tornando Irmã Dorothy. Irmã Clare, nascida e criada na região que então era parte do Paquistão (agora Bangladesh), logo seguiu. Convertida do hinduísmo, ela tinha uma simpatia pelos pobres que pode ser atribuída à ocasião em que Madre Teresa pediu a ela e suas colegas de classe em Loreto que compartilhassem sua comida com as crianças de Moti Jihl.

Em um ano, Madre Teresa tinha doze moças vivendo com ela (embora duas não tenham ficado por muito tempo). Quatro delas eram tão jovens que passavam o dia terminando os estudos de ensino médio enquanto Madre

Teresa e as outras trabalhavam em Moti Jihl ou na Santa Teresa, uma clínica da região. À noite, a Madre ministrava instrução teológica e formação espiritual a essas aspirantes a missionárias. Os sacrifícios incalculáveis desse primeiro grupo de jovens foram recompensados em 7 de outubro de 1950, quando o Vaticano reconheceu formalmente as Missionárias da Caridade como uma congregação oficial da arquidiocese de Calcutá.

Madre e suas jovens seguidoras estabeleceram um estrito padrão de pobreza atento aos pobres a quem serviam e, mais profundamente, da sede de Jesus na cruz. Ela infundiu em seu grupo original as práticas de "escolher não ter", "dar-se até doer" e "rezar o trabalho". Tal estilo de vida significava que elas voluntariamente renunciariam a muitos dos confortos encontrados em outros conventos e, no lugar, compartilhariam, até certo ponto, a privação das famílias que as cercavam. As mulheres dormiam em esteiras finas sobre o chão em um quarto com menos de cinquenta metros quadrados. O mesmo espaço servia como sala de aula e refeitório durante o dia e dormitório à noite.

Conforme crescia o número de Missionárias da Caridade, crescia também a necessidade de estrutura. A Madre queria uma adesão rigorosa à simplicidade e às dificuldades voluntárias para garantir que garotas da cidade não se juntassem à procura de uma vida mais fácil do que poderiam ter em casa. O cronograma que ela concebeu era seguido com precisão militar – e se mantém inalterado até hoje, mais de setenta anos depois –, permitindo apenas os mais raros desvios por necessidades ou ocasiões muito especiais.

Todos os dias, as irmãs se levantam as 4h40 da manhã, estão na capela para as orações matinais às cinco horas e então executam as tarefas domésticas antes de voltar à capela para a missa. Segue-se o café da manhã, e depois as irmãs cumprem suas designações missionárias, retornando ao meio-dia para orações, almoço, um cochilo de trinta minutos, mais orações na capela e depois um chá juntas. As irmãs seguem com uma hora de oração e leitura espiritual, seu trabalho vespertino com os necessitados e uma hora de orações de louvor na capela antes que toque o sino para o jantar, às 19h30. Após o jantar, tarefas domésticas, banho e preparações para o dia seguinte. Meia hora de recreação, seguida de orações noturnas que encerram o dia. Às 22 horas, as Irmãs Missionárias da Caridade estão dormindo.

A admissão às Missionárias da Caridade não é mais fácil do que a vida que segue após a aceitação e pode levar até uma década. Tudo começa com uma visita "venha e veja" de duas semanas em um dos conventos da ordem – uma breve imersão na vida religiosa. Se a jovem escolher prosseguir e, igualmente importante, for aceita pelas MCs como candidata, começa seu período de aspirante. Ao longo de um a dois anos, participa do trabalho com as irmãs enquanto recebe instrução espiritual sobre uma vida mais profunda de oração. Se tanto a candidata quanto as MCs determinarem que é uma boa escolha para a vida missionária, ela troca a blusa branca e saia azul de aspirante por um sari branco e começa um noviciado de dois anos. Durante esse tempo, recebe, nas palavras da Madre, "intensivo treinamento espiritual em teologia, história da Igreja e das Escrituras e, em especial, sobre as regras e constituição de nossa comunidade". Após o noviciado, se ambas as partes concordarem novamente, a candidata entra no segundo estágio de formação. Ela faz votos temporários e recebe o sari com listras azuis usado por todas as Irmãs da MC. Então começa um período de seis anos de serviço, que culmina em seu ano "terciato". Cada terça tem uma carga de trabalho reduzida para permitir orações adicionais, de modo que ela possa ter certeza de ter sido chamada por Deus para a vida de Missionária da Caridade. Ao terminar o ano de reflexão, se ela e as MCs ainda estiverem de acordo, ela faz os votos permanentes e, na Missa da Profissão, recita as seguintes palavras:

> Para a honra e glória de Deus e movida pelo desejo ardente de saciar a sede infinita de Jesus na cruz por amor às almas, consagro-me mais plenamente a Deus, para que eu possa seguir Jesus mais de perto durante toda a minha vida, segundo o carisma, vida e obra de nossa fundadora, Santa Teresa de Calcutá, em um espírito de confiança amorosa, total entrega e alegria, aqui e agora, na presença de minhas irmãs e em suas mãos, [superiora-geral ou sua designada], voto pela vida de castidade, pobreza, obediência e serviço sincero e gratuito aos mais pobres dos pobres, de acordo com a Constituição das Missionárias da Caridade.

Madre Teresa projetou esse programa intensivo para incutir a virtude da humildade. Para ela, humildade era o caminho certo para a santidade. Ela ensinou às suas irmãs a prática do autoesvaziamento e entrega. Em 1975, em uma carta a suas irmãs, a Madre compartilhou suas ideias sobre como cultivar humildade:

Estas são algumas formas de praticar humildade:
Falar o mínimo possível de si mesmo.
Cuidar das próprias coisas.
Não querer administrar os assuntos de outras pessoas.
Evitar curiosidade.
Aceitar alegremente a contradição e a correção.
Passar por cima dos erros dos outros.
Aceitar insultos e injúrias.
Aceitar ser menosprezado, esquecido e odiado.
Não buscar ser especialmente amado e admirado.
Ser bom e gentil mesmo sob provocação.
Jamais se apoiar na própria dignidade.
Ceder nas discussões, mesmo se estiver certo.
Escolher sempre o mais difícil.

Essas linhas captam os preceitos centrais para a formação espiritual da Madre, e muitos assumem que as palavras são suas. Mas ela as tirou de um livro que amava e para o qual retornou diversas vezes em sua vida, *Amor Sublime* (1946), de Dom Eugene Boylan. A única frase original dela foi a última – "Escolher sempre o mais difícil" – e foi o conselho que ouvi Madre Teresa repetir com frequência.

Raramente havia um momento de descanso para a Madre e seu pequeno grupo de seguidoras, entre suas devoções e cuidados com os pobres. Elas trabalhavam também para satisfazer às próprias necessidades básicas. Todos os dias, as mulheres subiam e desciam os 56 degraus até seus aposentos de um quarto, carregando água para tomar banho e cozinhar, e lavavam suas roupas à mão no andar térreo, ao lado do tanque. Irmã Monica, que se juntou ao grupo em 1952, relembra que a Madre um dia brincou: "Ninguém tem permissão para ficar doente".

O trabalho que as irmãs realizavam era baseado puramente nas necessidades da comunidade: "Na escolha das obras, não havia nem planejamento nem ideias preconcebidas", Madre Teresa certa vez explicou.

"Começávamos nosso trabalho quando o sofrimento das pessoas nos chamava. Deus nos mostrava o que fazer."

Irmã Monica contou: "Madre era movida por aquela passagem do Evangelho, Jesus *andou fazendo o bem*". E, durante os primeiros anos, foi exatamente assim que as Missionárias da Caridade passavam seus dias.

Sábado chegou, e as pessoas que estavam em fila esperando a comida naquela manhã de setembro eram ingratas. Algumas chegaram bêbadas ou drogadas; outras estavam enfurecidas. Muitas estavam das duas formas. A maioria cheirava mal. As irmãs que serviam davam a cada pessoa um pouco de sopa, frango assado e salada que tinham preparado naquela manhã. E, pacientemente, me mostravam o que fazer. Eu estava nervoso e tinha certeza de que, se olhasse do jeito errado para alguém, tomaria um banho de sopa. Alguns poucos diziam "obrigado", mas a maioria seguia em frente em silêncio, apontando por mais disso, menos daquilo. Alguns furaram a fila e outros mentiram quando perguntados se já haviam sido servidos. Parecia que ninguém queria estar ali. Estavam na fila de mau humor, como crianças com cáries na sala de espera do dentista.

Irmã Manorama andava pela área de refeições usando um avental que protegia o sari branco e azul, enchendo copos vazios com mais chá gelado, sorrindo e conversando com todos, tentando ao máximo trazer um pouco de alegria a um ambiente mergulhado no desânimo. Às vezes, um sorriso se abria em algum dos rostos cansados, porém, em sua maioria, os homens e mulheres sentados nas longas mesas falavam pouco e beliscavam a comida com insatisfação, ou a devoravam e saíam sem dizer uma palavra.

Depois que todos se foram, ajudei as irmãs a fazerem a limpeza e a se prepararem para o serviço do dia seguinte. Cuidadosamente, elas economizaram tudo o que puderam – até o papel-alumínio usado para assar o frango. Irmã Manorama me corrigiu quando tentei jogar uma folha engordurada no lixo. Quando começou a me mostrar como limpá-la, eu, finalmente, recuei. Me ofereci para comprar quantos rolos de papel-alumínio elas precisassem se não tivessem condições. Essa não era a questão, a irmã me explicou gentilmente; estavam compartilhando a pobreza daqueles a quem serviam.

Foi humilhante ver as freiras trabalhando sem reclamar para alimentar pessoas que não tinham demonstrado o mínimo de gratidão. As irmãs tinham vindo de cantos distantes do globo – Índia, Guatemala e América –, mas trabalhavam como uma só e nunca paravam. A ética de trabalho incansável e bom ânimo que a Madre havia incutido nas irmãs durante os primeiros anos difíceis em Moti Jihl estava muito viva em Anacostia. E faziam aquilo tudo com sorrisos, seguras de que estavam verdadeiramente servindo a Deus. Suas boas ações tiveram tanto efeito em voluntários, como eu, quanto nos pobres. Madre Teresa certa vez me disse que "alegria é a rede com a qual capturamos almas". Quando terminou meu primeiro turno no sopão, eu, alegremente, já estava capturado. Minhas manhãs de sábado agora eram delas.

Capítulo 4

Pobreza espiritual

"Precisamos nos esvaziar de nós mesmos para sermos preenchidos por Deus. Nem Deus pode encher o que já está cheio."
– Madre Teresa

Demorei um pouco para entender o que a Madre queria dizer com "Jesus em Seu disfarce angustiante", e devo agradecer às Missionárias da Caridade pelo ensinamento paciente. Não gostei do meu primeiro turno como voluntário na cozinha comunitária mais do que do meu breve serviço em Kalighat. Mas amava o quão alegres as irmãs eram em meio aos pobres que serviam. Não conseguia me lembrar da última vez que senti a alegria pura que brilhava em seus rostos enquanto serviam aqueles moradores de rua como convidados de honra. Me tornei voluntário regular aos sábados e um mensageiro à noite: buscando remédios e comprando mantimentos. Em vez de vagar pelos bares em busca da minha mulher dos sonhos nos fins de semana, estava buscando freiras no aeroporto.

Podia sentir as irmãs traçando uma nova trajetória para minha vida e gostava do caminho para onde estava seguindo. Estavam me tornando um homem melhor. Eram a melhor parte da minha vida. Elas não tinham nada e, ainda assim, eram alegres. Eu queria ser assim também. Na época, eu morava em um apartamento de porão a nove quadras do Capitólio. Decidi remover o carpete, trocar minha grande cama por uma menor e, no geral, simplificar minha vida. No entanto, foi difícil me desfazer da televisão e resolvi orar sobre o assunto.

Não demorou muito para ter minha resposta. Uma noite, em 1986, ao chegar em casa do trabalho, encontrei a porta da frente arrombada e um homem de pé na minha sala, segurando minha TV. Recuei para a calçada com as pernas bambas e fiquei vendo-o sair de meu apartamento com a TV, entrar numa van e desaparecer na noite. Ele também levou meu anel de monograma de basquete da Universidade Estadual da Flórida, alguns relógios comemorativos e outras *memorabilias* que eu tinha da minha época como gerente de equipamentos do time. Foi como se Deus tivesse me dado um curso intensivo sobre como me livrar de bens materiais que eram importantes para mim.

No entanto, esse período em minha vida foi quase eufórico. Amava estar por perto das MCs. Compartilhávamos amor por Madre Teresa, e, quanto mais eu ficava com elas, mais podia ver a pureza, a bondade e a rica espiritualidade nelas. Estavam felizes em ter minha ajuda, e eu precisava de suas mãos firmes para forjar minha nova vida. Meu zelo para integrar totalmente as Missionárias da Caridade em meu mundo chegou a tal ponto que considerei pintar as três listras azuis – marca registrada de seus saris – no alto das paredes brancas do meu apartamento como um lembrete constante da Madre. Decidi não fazer isso porque, mesmo em meu estado apaixonado, percebi que era uma bobagem.

Meus amigos me gozavam, pois sentiam falta do companheiro de bebida. Eu tinha trocado as "happy hours" nos bares por "horas santas" em capelas, e eles não sabiam o que fazer com o "novo Jim". Alguns amigos e familiares se perguntavam se eu tinha enlouquecido, e naquele momento entendi o porquê: de repente, estava passando todo o meu tempo disponível com as freiras.

Com o passar das semanas, sentia mais satisfação em ajudar as Missionárias da Caridade do que com meu trabalho no Senado, embora isso, também, me permitisse ajudar as MCs. Usando o nome de Mark Hatfield, consegui que as irmãs do convento em Washington, D.C., tivessem isenção de impostos em tempo recorde e convenci o senador a pressionar o lobista chefe das cadeias de supermercados a doar dezenas de perus às MCs para a ceia de Ação de Graças dos sem-teto.

A cada sábado, eu ficava mais confortável entre a clientela da cozinha comunitária e, demonstrando fidelidade, conquistei o direito de fazer perguntas sobre a vida daquelas pessoas e conhecê-las um pouco. Eu não estava preparado para o que compartilharam. Suas expressões duras eram o resultado de pais ausentes, mães com namorados ruins, escolas terríveis, parentes na prisão, lares instáveis e injustiça social e racial suficientes para assinalar um estilo de vida. Consumiam drogas e álcool como uma forma de tornar tudo isso suportável. Estava aprendendo que aquele homem da cama 46 não era o único a morrer lentamente.

Essa foi minha primeira real introdução ao que Madre Teresa descreveu como o fenômeno da "pobreza espiritual". Certa vez ela foi citada, dizendo que, na América, e no Ocidente em geral, "não há fome de pão. Lá, as pessoas estão sofrendo de terrível solidão, terrível desespero, terrível ódio, sentindo-se indesejadas, sentindo-se impotentes, sentindo-se sem esperança. Esqueceram como sorrir, esqueceram a beleza do toque humano. Estão se esquecendo o que é amor humano. Precisam de alguém que as compreenda e respeite".

Madre Teresa abriu mais lares nos Estados Unidos do que em qualquer outro país fora da Índia, e acho que a pobreza espiritual é o motivo. Ela sabia que, na América, as pessoas estavam famintas do pão da amizade, sedentas por aceitação e tolerância e desejando ser vestidas na dignidade divina que lhes foi prometida. Madre Teresa devotou muita de sua energia combatendo pobreza material, desnutrição e doenças ao redor do mundo, mas também estava determinada a aliviar a dor daqueles que se sentiam não amados, indesejados e não bem-vindos. Ela sabia que, além da comida, abrigo e vestuário, cada pessoa tem uma necessidade fundamental de amar e ser amada. Para ela, era a mesma coisa se alguém estivesse em busca de uma tigela de arroz ou de uma mão para segurar – era o mesmo Jesus sedento.

◆o◆

As Missionárias da Caridade começaram seu trabalho quando a crise dos refugiados de Bengala Ocidental piorou, e a pequena clínica que Madre Teresa e suas irmãs haviam montado quase transbordou com as demandas dos sem-teto e leprosos de Calcutá. Certo dia, ela encontrou uma mulher nas ruas que tinha sido "meio comida por ratos e formigas". Foi uma experiência seminal. "A levei para o hospital", escreveu em seu diário, "mas não podiam fazer nada por ela [...]. Dali, fui até a prefeitura e pedi que me dessem um lugar para onde eu pudesse levar essas pessoas porque, no mesmo dia, tinha encontrado outras pessoas morrendo nas ruas." Em 1952, depois de muito importunar, o governo local finalmente cedeu. Um funcionário de saúde muçulmano ofereceu à Madre um prédio em condições precárias no templo de Kali, que um dia servira como hospedaria para peregrinos hindus. Kali é a deusa hindu da morte e da purificação, e o templo era conhecido por seus ritos funerários. Foi nesse lugar improvável que Madre Teresa fundou a missão cristã mais importante do século XX. Ela o chamou de *Nirmal Hriday*, que significa "lugar da pureza de coração" em hindu, em homenagem a Maria, mãe de Jesus. Mas então – como agora – todos chamaram a missão de "Kalighat".

As portas de Kalighat foram abertas em agosto de 1952 para fornecer "serviços sinceros e gratuitos aos mais pobres dos pobres". Desde o início, a Madre enfrentou oposição feroz da comunidade hindu, que não queria ter nada a ver com sua fé ou com as obras de caridade. Foi um sacerdote de Kali que virou a onda da opinião local. Ele estava sofrendo de tuberculose em estágio terminal e amaldiçoava quem chegasse perto. Madre Teresa cuidou dele durante duas semanas até que ele faleceu em Kalighat, e os outros sacerdotes que o visitaram observaram tanto o respeito dela por sua fé hindu quanto a forma como a raiva dele dera lugar à calma, graças ao socorro dela. A oposição à Madre em Kalighat morreu pacificamente com ele.

As cem camas do lugar foram rapidamente preenchidas com pessoas resgatadas sofrendo de todo tipo de doenças e aflições, trazidas das ruas para receber cuidados maternos. De uma posição elevada próxima à entrada principal, Madre Teresa dirigia a movimentação e supervisionava o tratamento tanto na ala feminina quanto na masculina. Era um verdadeiro teste de suas habilidades de gerenciamento. No fim de 1952, Kalighat tinha recebido 449 pessoas; 226 das quais haviam morrido e 165 tinham recebido alta. Ela mantinha meticulosos registros manuais de cada pessoa admitida na casa, que ela chamava de "casa do tesouro de Calcutá".

"Nós os ajudamos a morrer com Deus. Os ajudamos a pedir perdão a Deus. A fazer as pazes com Deus de acordo com sua fé", dizia sobre os pacientes. Madre era cuidadosa em observar os protocolos funerários apropriados das diversas crenças dos falecidos. Em Kalighat, alguns morreram momentos após terem chegado à recepção, mas a maioria vivia na casa durante meses enquanto recobrava forças, autorrespeito e, por fim, independência. Todos eram tratados com dignidade e amor; como um paciente moribundo disse à Madre Teresa, agradecido: "Vivi como um animal nas ruas, mas morro como um anjo, amado e cuidado".

Conforme o trabalho das Missionárias da Caridade se expandiu ao longo dos anos 1950, aumentou também o número de irmãs. Madre Teresa era uma superiora exigente, mas não pedia às irmãs sacrifícios que ela mesma não estivesse disposta a fazer. Ser a primeira a chegar na capela e a última a ir para a cama foi sua prática ao longo da vida. Exigia que todos que se juntassem a ela aprendessem e falassem inglês, de modo que a língua não se tornasse uma fonte de divisão na sede (centenas de idiomas diferentes eram nativos da Índia). A despeito dessa busca por uniformidade, ela adaptou algumas práticas do convento à realidade de ter mulheres vindas de tantas regiões diferentes dividindo um lar. Por exemplo, as Irmãs de Kerala – o estado mais ao sul da Índia, onde o cristianismo desembarcou no subcontinente nos tempos apostólicos e de onde a maioria das novas MCs indianas viera – tinham dificuldades com a comida bengalesa de Calcutá. A Madre as acomodou, permitindo pimenta nas refeições.

Apesar dessas pequenas modificações, as Missionárias da Caridade não se desviavam de seu compromisso com a pobreza voluntária. As irmãs não recebiam salário ou benefícios e tinham permissão de visitar suas famílias apenas uma vez a cada dez anos, para evitar as despesas de viagem. As irmãs, incluindo a Madre, tinham muito pouco. Um ano antes de sua morte, quando fez seu testamento, seus pertences pessoais eram quase nada: três saris, dois suéteres, um par de sandálias gastas, seu crucifixo e rosário, seu livro de orações e Bíblia, uma caixa de livros espirituais e anotações de retiro, e seu prato, caneca e talheres de metal marcados com um "Madre" em vermelho para diferenciá-los dos usados pelas outras irmãs.

As MCs não desperdiçavam nada. Só comiam no convento. Enquanto os avanços de modernização e tecnologia transformavam o mundo, elas se mantinham notavelmente isoladas disso. Alguém sugeriu certa vez que as irmãs poderiam estar mais livres para ajudar mais pobres, usando máquinas, em vez de lavar suas roupas à mão; Madre respondeu que elas tinham feito um voto de pobreza, e não de eficiência.

Embora isso certamente fosse verdade, Madre Teresa foi incrivelmente eficiente em expandir sua missão. A permissão do Arcebispo Perier para fundar as Missionárias da Caridade veio com a determinação de que seu trabalho deveria se manter dentro dos limites da arquidiocese nos primeiros dez anos, então as irmãs concentraram seus esforços em Calcutá e em seu entorno. Madre abriu uma clínica de saúde para muçulmanos, um orfanato e uma escola improvisada para crianças. Ela dirigia clínicas móveis para leprosos pela região e uma escola especial para os filhos deles. Em 1961, começou a planejar uma aldeia para leprosos, que seria chamada de Shanti Nagar, ou "Cidade da Paz". Escreveu: "As condições nas quais vivem as famílias dos leprosos são terríveis. Gostaria de dar a eles casas melhores [...]. mostrar-lhes que também são filhos amados de Deus e, portanto, dar a eles algo pelo qual viver [...]. Quero construir lentamente algo como uma pequena cidade para eles, onde leprosos possam levar uma vida normal".

No fim da primeira década das Missionárias da Caridade, 119 mulheres haviam se juntado à Madre Teresa, todas indianas, exceto três. As irmãs começaram a expandir para outras cidades, primeiro no estado vizinho de Bihar, uma região extremamente pobre, e depois para Delhi, a capital da Índia. Em 1965, as MCs já eram mais de 300, e a primeira missão no exterior foi estabelecida na Venezuela. Em 1975, mais de mil irmãs estavam alocadas em 85 missões em 15 países, incluindo um abrigo para moradores de rua e uma cozinha comunitária no Bronx, Nova York: a primeira missão da Madre nos Estados Unidos.

Com as Missionárias da Caridade se aventurando tão longe, a Madre reconheceu que mesmo as irmãs mais dedicadas precisariam de ajuda com os cuidados permanentes de moribundos e leprosos. Em 1963, ela criou Irmãos MC, como uma nova ordem de homens consagrados, que faziam votos e recebiam orientação espiritual da Madre e, em casos raros, frequentavam o seminário. Eles trabalhavam com as irmãs ajudando, em especial, com as tarefas mais físicas, como carregar pacientes das ruas para Kalighat; eles também permitiam que as MCs alcançassem pessoas em vizinhanças mais perigosas. Padre Ian Travers-Ball, um sacerdote jesuíta, foi o primeiro líder dos irmãos. Ele assumiu o nome de Irmão Andrew e administrou a expansão global das Missionárias da Caridade. Onde iam as irmãs, normalmente os irmãos as seguiam.

Conforme as Missionárias da Caridade cresciam, honrarias e prêmios começaram a perseguir Madre Teresa: primeiro na Índia e depois pelo mundo. Em 1973, ela foi agraciada com o primeiro *Templeton Prize for Progress in Religion*[2], e, em 1979, o Comitê do Prêmio Nobel concedeu a ela sua maior horaria, o Prêmio Nobel da Paz. O reconhecimento mais significativo, porém, veio em Kalighat, em 4 de fevereiro de 1986, que a Madre descreveu como "o melhor dia de minha vida". O Papa João Paulo II foi a *Nirmal Hriday* e passou a manhã visitando os pacientes, segurando firmemente a mão de Madre Teresa enquanto andava pelos corredores estreitos que separavam as filas de moribundos. Ele serviu comida a cinco dos pacientes e deu uma bênção individual e um rosário para cada um dos homens e mulheres das duas alas. Ele ficou tocado pelas preciosas vidas que as MCs haviam retirado das sarjetas: "*Nirmal Hriday* proclama a profunda dignidade de cada pessoa humana. O cuidado amoroso que é demonstrado aqui carrega o testemunho da verdade de que o valor de um ser humano não é medido por utilidade ou talentos, pela saúde ou doença, pela idade, credo ou raça. Nossa dignidade humana vem de Deus, nosso Criador. Nenhuma quantidade de privação ou sofrimento pode remover essa dignidade, pois somos preciosos aos olhos de Deus", ele disse após a visita, enquanto os dois futuros santos posavam lado a lado para a imprensa.

O projeto de "proclamar a profunda dignidade de cada pessoa humana" nunca se afastou da mente da Madre. Em seu discurso na entrega do Prêmio Nobel, aproveitou a oportunidade para lembrar a todos os dignatários que "nossos pobres são ótimas pessoas, são pessoas cativantes, não precisam de nossa piedade e simpatia, precisam de nosso amor compreensivo. Precisam de nosso respeito; precisam que os tratemos com dignidade".

Talvez tenha sido seu aguçado senso da primazia da necessidade de amar e ser amado que alimentou seu esforço de vida para confrontar a praga da solidão que aflige os pobres e, igualmente, os ricos. Ela não hesitou quando perguntada sobre qual foi a pior doença que tinha visto. Em sua opinião, não era a lepra: era a solidão. "Hoje em dia, as pessoas estão famintas por amor, por amor compreensivo, que é muito maior e a única resposta à solidão e

---

2 Em tradução livre, *Prêmio Templeton pelo Progresso da Religião*. (N.T.)

grande pobreza", declarou certa vez. Ela aprofundou essa questão no discurso do Nobel: "Quando pego uma pessoa na rua, faminta, e lhe dou um prato de arroz, um pedaço de pão, eu a satisfiz. Tirei essa fome. Mas uma pessoa que é excluída, indesejada, não amada, aterrorizada, que foi expulsa da sociedade – aquela pobreza é tão dolorosa e tanta, que acho muito difícil. Nossas irmãs estão trabalhando entre esse tipo de pessoas no Ocidente".

Em outubro de 1985, apenas dez semanas após tê-la encontrado em Calcutá, Madre Teresa falaria na Assembleia Geral da Organização das Nações Unidas (ONU), em Nova York. Eu não podia deixar passar a oportunidade de vê-la novamente. Usando o nome do Senador Hatfield, consegui uma passagem e peguei um voo para Nova York. Na época, estava me equilibrando para conciliar minha nova vida de meio período com as MCs em Anacostia com meu trabalho diário nos salões ornados do Capitólio, e as palavras dela naquela noite sublinharam o que ela me diria anos mais tarde: "Se Jesus colocar você no palácio, seja inteiramente para Jesus no palácio. E se Ele pega sua vida e a divide em vinte pedaços, todos esses pedaços são Dele".

Entrei de penetra na recepção que houve depois e esperei na fila para falar com ela novamente. Parecia não se lembrar de mim, mas não me importei. Tudo o que importava era poder estar com ela, olhar em seus olhos, sentir suas mãos calorosas e ouvir sua voz novamente.

Esse segundo encontro com a Madre cimentou minha decisão de ajudar as MCs da forma que eu pudesse. O momento não poderia ter sido melhor: a Madre precisava de um advogado para ajudar a lidar com obstáculos burocráticos, enquanto abria novas missões nos Estados Unidos. Os centros seriam administrados por irmãs vindas da Índia, e todas precisavam de visto. Lidar com burocratas do governo era minha especialidade. As Missionárias da Caridade na sede do Bronx já tinham começado a me pedir ajuda depois que souberam que eu ajudara as irmãs em Anacostia com seus vistos e problemas legais semelhantes. Estava desenvolvendo um relacionamento com a hierarquia das Missionárias da Caridade em Nova York, e a notícia chegou até Madre Teresa.

Ela precisava de ajuda para inaugurar um lar para portadores de aids em Washington, e eu podia ajudar. O governo da capital não estava sendo tão cooperativo quanto fora o de Nova York. Mas a obstinação do prefeito foi minha sorte, pois, quanto mais as negociações se arrastavam, mais profundamente enredado eu me tornava na unida comunidade das Missionárias da Caridade. Por fim, vencemos, e a casa Gift of Peace abriu em novembro de 1986, a apenas 8 km de distância da Casa Branca. A Madre apreciou o fato de eu não estar apenas fazendo o trabalho de colarinho branco, mas também ajudando regularmente as irmãs na cozinha comunitária e frequentando as santas horas em sua capela e a missa aos sábados. Cerca de seis meses após seu discurso em Nova York, ela me convocou para uma reunião em Anacostia para discutir sua próxima viagem. Quando nos sentamos numa pequena mesa numa sala ao lado da capela, ela escreveu em um pedaço de papel os nomes dos cinco países que queria visitar. Então me entregou seu passaporte diplomático indiano e me pediu que conseguisse os vistos. Admito que olhava para aquilo de tempos em tempos, incrédulo.

Eu teria feito qualquer coisa que a Madre pedisse, e logo estava sendo submetido a um teste muito maior. A Gift of Peace precisava de voluntários para o turno da noite, que trabalhassem das 18 horas às 6 da manhã, para que as irmãs não ficassem esgotadas tentando fornecer cuidados 24 horas a homens e mulheres moribundos. Madre recomendou à Irmã Dolores, a primeira superior da casa, que eu fosse voluntário uma noite por semana na ala masculina. Esse trabalho tinha uma ordem de magnitude muito além de qualquer coisa que eu fora solicitado a fazer, mesmo em Kalighat. Sarna é uma coisa, mas Madre Teresa estava propondo que eu ajudasse a cuidar de pessoas que tinham uma doença infecciosa com 100% de mortalidade em uma época em que ninguém sabia ao certo como ela se espalhava. Eu precisava decidir: estava dentro ou não?

Não levei muito tempo para entender que, se a Madre me queria cuidando de pessoas com aids em seu centro, era porque podia contar comigo. Então racionalizei: se as MCs não tinham medo de serem infectadas com aids, eu também não teria. Para mim, isso foi um divisor de águas. Exigiu um salto de fé e alguma coragem dar banho em homens, trocar suas fraldas e vê-los definhar. Tinha sentido repulsa só de ver coisas assim, um ano antes em Calcutá, mas, desde então, muito havia mudado.

Eu estava em boa companhia com o primeiro grupo de voluntários noturnos da Gift of Peace. Cuidamos de homens que vieram passar seus últimos dias conosco, começando com nossos dois primeiros pacientes: Cliff e Andy. Poucos homens permaneciam por mais de alguns meses. A morte visitava o lar regularmente, às vezes durante os meus turnos. Foi um trabalho intenso, porém lindo e sagrado.

Capítulo 5

Uma empreendedora nata

"Nem Jesus conseguiu escolher doze bons discípulos."
– Madre Teresa

Ao longo dos dois anos seguintes, vi a Madre sempre que ela visitou os Estados Unidos, três ou quatro vezes no total. No início, continuava meu trabalho no Capitólio, voluntariando com as irmãs em Anacostia ou no lar para aidéticos à noite e nos fins de semana. Porém, quanto mais tempo eu passava com as MCs, mais claro ficava que meu coração estava com elas e não com o Senador Hatfield. Então, em outubro de 1988, pedi demissão de meu emprego em seu gabinete e me tornei voluntário em tempo integral para as Missionárias da Caridade. Retirei todo o dinheiro do meu fundo de pensão do senado para que pudesse continuar pagando a hipoteca da minha mãe e cobrir minhas próprias despesas. Doei a maior parte das minhas roupas, joguei fora anuários e outras lembranças e guardei o que restou de meus bens terrenos na garagem de um amigo. Me senti totalmente à disposição de Deus e dedicado à vida e ao trabalho das MCs. Essa nova vida me deu inúmeras oportunidades para ajudar e me envolver com Madre Teresa.

Já tínhamos iniciado uma correspondência regular e eu, fielmente, mantive suas cartas manuscritas vindas da sede em Calcutá. A mudança em suas saudações revela a trajetória da confiança, e então amizade, que começou a se formar entre nós. Na primeira carta, em setembro de 1985, ela se dirigiu a mim como "Querido sr. J. Towey". Catorze meses mais tarde, foi "Querido James" e, quatro meses depois disso, "Querido Jim". Em 1989, ela começava suas cartas com "Meu querido Jim", e tenho até um bilhete endereçado a mim como "Jimmy".

Cada carta ou conversa com Madre Teresa durante esse período da minha vida me fez perceber o abismo que existia entre sua total entrega a Deus e meu próprio discipulado condicional. Me perguntava se eu não estaria escondendo alguma coisa de Deus. Voltaram os pensamentos sobre buscar o sacerdócio, pois parecia um caminho seguro para o tipo de aceitação sincera à vontade divina que a Madre e suas irmãs viviam. O voluntariado em tempo integral para as MCs ainda me permitia a liberdade de sair a qualquer momento, diferente das irmãs, que tinham se comprometido por toda a vida. E mulheres estavam ingressando aos montes.

O Prêmio Nobel tornou o nome de Madre Teresa conhecido, e sua ordem, um fenômeno global. De repente, ela estava abrindo mais de vinte novas missões por ano, duas vezes mais do que anteriormente, alcançando praticamente todos os cantos da terra. Em 1984, um ano antes de conhecê-la, a Madre abriu a casa de número 250, e metade das missões era fora da Índia. Nos últimos dez anos de sua vida, as Missionárias da Caridade abriram uma média de 25 novas missões por ano, a grande maioria em solo estrangeiro. O número de mulheres ingressando nas MCs era tão grande que, em 1997, havia 250 moças na sede se preparando para fazer os votos.

Além das Irmãs e dos Irmãos MCs, em 1984 Madre Teresa cofundou os Padres MC, com Padre Joseph Langford. Um jovem americano da Califórnia, Padre Joseph descobriu a Madre quando era seminarista em Roma, em 1972. Estava em uma livraria, quando viu a foto dela na capa do livro de Malcolm Muggeridge, sem saber quem ela era. "Havia bondade em sua face, uma generosidade em seu olhar", ele contou mais tarde. Ele folheou o livro e imediatamente soube o que queria fazer com sua vida. Ela havia despertado nele "uma nova esperança no que havia de melhor na humanidade, e em mim". Ele escreveu à Madre e começou a ser voluntário com as irmãs. Ela foi à primeira missa dele em 1978 e, dois anos depois, com sua permissão, ele organizou um grupo mundial de sacerdotes para promover sua missão e visão; mais tarde, esse grupo evoluiu para os Padres MC.

Certa vez a Madre me disse que ninguém havia compreendido o "tenho sede" espiritualmente como ele.

Ela viu a necessidade de serviços sacerdotais como parte da missão das Missionárias da Caridade. Além de executar os trabalhos práticos nas missões, os Padres MCs ajudariam nas necessidades sacramentais e espirituais tanto dos pobres quanto das irmãs. A ordem começou no Bronx com apenas dois padres – Padre Joseph e Padre Gary Duckworth – e um seminarista, Brian Kolodiejchuk, e se manteve um grupo pequeno e seleto. Como os Irmãos MCs, que trabalhavam com as irmãs desde 1963, inicialmente os padres padronizaram seu modo de vida e agenda com o das irmãs, mas, com o tempo, encontraram a própria identidade distinta. As três divisões das Missionárias da Caridade sempre trabalharam bem juntas, unidas por um propósito e uma fundadora em comum.

A vida diária da Madre consistia, principalmente, de interações com um pequeno círculo de irmãs e amigos. Ao longo dos anos, esse círculo se expandiu ou contraiu de acordo com suas demandas da missão e condições de saúde. Seu grupo principal de apoio consistia das cinco irmãs que tinham sido eleitas para o conselho administrativo da MC, e irmãs mais antigas e Padres MC, com quem ela viajava. Também trabalhou de perto com algumas pessoas de fora, que tinham habilidades ou contatos que ela não tinha. Nos primeiros anos, por exemplo, dr. Senn foi vital no cuidado que as Missionárias da Caridade tiveram com os leprosos de Calcutá; e Eileen Egan, membro da equipe do Catholic Relief Services[3], facilitou os esforços de distribuição de comida da Madre.

Ninguém foi mais indispensável para a orientação da Madre nos intrincados assuntos internos da Índia do que os Kumars. Naresh Kumar, o melhor tenista indiano de sua geração, era um empresário respeitado. Sua esposa, Sunita, era pintora autodidata e mãe de três crianças, que conheceu a Madre em meados dos anos 1960 enquanto empacotava medicamentos para os leprosos. Instantaneamente se tornaram amigas. Em sua primeira visita a Kalighat, a Madre aconselhou Sunita: "Não pense neles como moribundos. Apenas sorria, e eles sorrirão para você".

---

3 A Catholic Relief Services é uma agência humanitária internacional, ligada à Caritas Internacional, com atuação em diversos países. Sua atuação principal é na resposta a situações de emergência, como furacões, maremotos e enchentes, além da quebra do ciclo de pobreza. Mais informações em www.crs.org/. Acesso em: 29 maio 2022. (N.T.)

A casa dos Kumars era a única residência particular em Calcutá que Madre Teresa visitava com alguma regularidade. Quando precisava de um serviço telefônico confiável para fazer uma chamada particular para o Vaticano, ela batia à sua porta. Quando a Madre ou suas irmãs ficavam doentes, os Kumars cuidavam das questões com hospitais e médicos locais. Quando a Madre esteve à beira da morte, em 1989, os Kumars deram telefonemas no meio da noite para conseguir vistos de emergência no consulado indiano em Nova York, de modo que um médico americano pudesse ir imediatamente para Calcutá. O procedimento arriscado que fez para remover um fio infectado de seu marcapasso salvou a vida dela. Quando a Madre faleceu, oito anos depois, Sunita deu a notícia ao mundo numa coletiva de imprensa organizada às pressas no convento-sede, com Irmã Nirmala, sucessora da Madre, ao seu lado. Até hoje, ela atua como assessora de imprensa informal para as Missionárias da Caridade, ajudando-as a responder às perguntas da mídia.

À medida que as MCs se expandiam globalmente nos anos 1970, a Madre precisava de mais e novos tipos de auxílio. Sandy McMurtrie conheceu a Madre em 1981, quando tentava reconstruir sua vida após um divórcio doloroso. Ela tinha visto uma matéria jornalística sobre Madre Teresa e "imediatamente pensei que encontrar com ela ajudaria aos meus filhos e a mim naquele momento difícil, e nos ajudaria a nos aproximarmos enquanto família", ela lembra. Sua família ficou cuidando de seus três filhos para que ela pudesse ir à Índia numa viagem com a Catholic Relief Services, na esperança de conhecer a pequena freira. O destino colocou as duas no mesmo voo de Hong Kong para Calcutá – nada menos do que na mesma fileira. Sandy se apresentou à Madre Teresa na área de retirada de bagagem e foi convidada para ir ao convento da MC na manhã seguinte. Quando chegou, foi colocada para trabalhar. "Apesar de eu ser uma estranha, ela me acolheu", Sandy recorda. "Ela começou a me incluir em suas atividades diárias, como se fôssemos velhas amigas."

O mês de Sandy em Calcutá resultou em dezesseis anos como amiga, confidente, benfeitora e companheira frequente de viagens de Madre Teresa. Ela estava ao seu lado durante os anos 1980 e 1990, quando a Madre estabeleceu missões em mais de vinte cidades americanas. Ela a acompanhou em reuniões com os presidentes Ronald Reagan, George H. W. Bush e Bill Clinton e conduziu a cadeira de rodas da Madre em um palco improvisado no *Statutary Hall* do Capitólio, quando a freira de 87 anos recebeu a mais alta honraria do Congresso americano. Em função de suas obrigações em casa, Sandy raramente viajava com ela para o exterior, mas quando a Madre se encontrou por mais de duas horas com Fidel Castro, em Havana, Sandy estava lá.

Essa proximidade com a Madre só era rivalizada pela de Jan Petrie, que viajou com ela pelo mundo e fez mediações para ela com a mídia e com líderes religiosos e civis. Jan, uma canadense, coproduziu com sua irmã Ann o magistral documentário *Madre Teresa*. Madre tratava Jan e Sandy como filhas, se não irmãs, inclusive lhes dando acesso a algumas áreas privativas internas de seus conventos.

Os Kumars, Sandy e Jan se alternaram como porteiros, auxiliares de viagens e protetores à medida que cresceu a interação da Madre com o mundo secular nas duas últimas décadas de sua vida. Foi-me garantida a entrada em seu círculo íntimo para fornecer conselhos sobre assuntos legais e governamentais. Não era um clube social – até o fim, a Madre só se importava com o trabalho. Se a tivesse conhecido em 1975, quando tinha apenas a missão do Bronx, nos Estados Unidos, e não uma década mais tarde, quando estava abrindo diversos lares para portadores de aids e tendo dificuldades com questões de imigração, meu contato direto teria sido limitado e nunca teria feito amizade com ela.

Mas uma das coisas que aprendi foi que Madre Teresa era uma empreendedora nata – um aspecto de sua genialidade que normalmente passa despercebido. Ela dirigia um império multinacional de mulheres fazendo o trabalho mais miserável do planeta, sem salário, sem benefícios e sem treinamento elaborado. Na época de sua morte, eram 3.842 irmãs, 363 irmãos e 13 padres operando em mais de 650 cozinhas comunitárias, clínicas de saúde, leprosários e abrigos para pessoas desesperadamente pobres e doentes em 120 países, sem qualquer custo para os atendidos e nenhum recurso governamental. Madre Teresa atribuía seu sucesso à divina providência e, à luz dos obstáculos linguísticos, culturais e religiosos que ela superou, é difícil contestar. Ela, claramente, foi criada para esse propósito. De que outra maneira uma obscura adolescente albanesa poderia crescer para realizar tudo isso – e se tornar universalmente reconhecida como símbolo do amor de Deus na terra?

O rápido crescimento das Missionárias da Caridade significou que a Madre precisava de ajuda com questões mundanas, e eu tive a honra de resolver problemas para ela regularmente. Nos doze anos que se seguiram ao meu breve encontro com Madre Teresa em Calcutá, gradualmente fui assumindo maiores responsabilidades como seu consultor legal *pro bono* nos Estados Unidos, cuidando de qualquer assunto que ela ou as irmãs me indicassem.

Muitos anos depois, trabalhei para o presidente George W. Bush como diretor do Escritório da Casa Branca de Iniciativas Comunitárias Baseadas na Fé. Sempre que o presidente me apresentava em eventos públicos, invariavelmente brincava: "Towey era advogado de Madre Teresa. Em que tipo de mundo vivemos, quando até Madre Teresa precisava de um advogado?". Parece absurdo, mas as pessoas frequentemente abusavam de sua bondade para obter lucro, e algumas continuam a fazer isso até hoje.

Um exemplo: em 1987, a Madre viajou para os Estados Unidos para dar uma palestra a convite de um arcebispo. O padre que a recebeu no aeroporto era escorregadio como seda, aparecendo com uma limosine (na qual a Madre se recusou a entrar). No lugar do evento, estavam seguindo em direção ao palco quando, de repente, o padre a desviou para um estúdio de fotografia improvisado montado em uma sala ao lado. Ele disse que a foto era apenas para o jornal católico local e colocou à sua frente um formulário, dizendo que era uma permissão para a arquidiocese publicar a foto. Relutantemente, ela assinou; achava errado questionar um padre, a menos que tivesse motivos para desconfiar dele.

A Madre não gostava de tirar fotos em nenhuma circunstância, e essa inesperada sessão de fotos a tinha incomodado mais do que o normal, por isso a foto ficou parecendo a de uma ficha policial. Ela fez seu discurso e foi embora. Só foi pensar novamente nessa estranha situação três anos mais tarde, quando notícias começaram a aparecer nos maiores jornais pelo mundo. Alguém leu no *Washington Post*: "Madre Teresa, um dos tesouros vivos deste mundo, pela primeira vez autorizou a reprodução de sua foto em uma edição litográfica especial de colecionador". O padre e o fotógrafo haviam conspirado para vender milhões desses retratos "autorizados" para suprir as necessidades da arquidiocese – começando com um órgão de 200 mil dólares – e fazer uma pequena fortuna para dois investidores. A Madre queria que eu desse um fim naquele esquema. Mais importante, queria que qualquer questão com o arcebispo fosse resolvida discretamente: "Proíbo qualquer coisa pública. Isso envolve a Igreja, e não quero prejudicar a Igreja. Você tem que ser cuidadoso". Chegamos a um acordo – os termos permanecem confidenciais –, mas as fotos foram destruídas e o padre se desculpou por tê-la enganado. Ela ficou feliz quando liguei para contar as boas notícias.

Esse caso, e as dúzias de outros semelhantes, são o motivo de Madre Teresa precisar de um advogado. Nem eu era o único advogado a seu serviço. As Missionárias da Caridade tinham centenas de missões pelo mundo quando conheci a Madre e frequentemente precisavam de aconselhamento local. Elas já tinham uma fantástica advogada *pro bono* nos Estados Unidos, Dianne Landi, cuja firma cuidava de negócios e questões imobiliárias para as MCs. Porém, durante os últimos doze anos de vida da Madre, cuidei da maioria dos problemas legais que surgiram em seu caminho, fossem questões de imigração para as centenas de irmãs vindas para a América, regulamentações governamentais das missões que estava abrindo, arrecadação de fundos não autorizada em seu nome feita por outros ou uso ilícito de sua imagem ou seu nome.

Foi essa última categoria que tornou o trabalho mais interessante. É bastante raro ser um nome reconhecido em todo o mundo, mais raro ainda, que a fama se deva a algo que quase todos admiram. Então, não seria surpresa que um grande número de pessoas e corporações quisesse atrelar seu nome ao dela.

Alguns casos foram engraçados, como o "Mother Teresa Breath Mist[4]", spray produzido em Pittsfield, Massachusetts, que prometia "expurgar os demônios do mau hálito". O rótulo dizia: "Seja misericordioso com seus amigos e vizinhos [...] livra-te do flagelo ímpio da halitose". A Madre riu, e eu pus um fim no spray bucal.

Outros eram perdoáveis, como a empresa do Missouri vendendo uma boneca "Missionária da Caridade" como parte da "Coleção de Bonecas Freiras Abençoadas". A boneca estava vestida conforme a marca registrada de Madre Teresa, o sari azul e branco, e custava 189 dólares. Os donos da empresa eram católicos devotos e, como a boneca não tinha seu nome, a Madre decidiu deixar que continuassem vendendo.

Algumas companhias pediam permissão antecipadamente para usar seu nome e sua imagem, outras pediam perdão depois. A Samsung pediu

---

4 Em tradução livre, *spray bucal da Madre Teresa*. (N.T.)

permissão a Madre Teresa antes de lançar uma campanha de marketing na Coreia do Sul com a foto dela e a legenda "Samsung pensa na responsabilidade com a sociedade em primeiro lugar". A Tylenol não pediu permissão antes de publicar um anúncio que incluía a foto de Madre Teresa, juntamente com as de Abraham Lincoln, Benjamin Franklin e John F. Kennedy, com a chamada: "Imagine-se entre esses líderes". Detivemos os dois.

Nada havia a ser feito com relação a alguns usos fraudulentos de seu nome. Durante a guerra dos Balcãs, em meados nos anos 1990, a "Organização Humanitária de Madre Teresa" operou clínicas de saúde na Croácia que, supostamente, realizavam abortos e usavam caminhões com o nome da Madre para transportar alimentos e contrabandear armas para os combatentes. As Missionárias da Caridade recorreram ao governo americano e a organizações humanitárias, incluindo a Cruz Vermelha Internacional, mas ninguém pôde fazer nada.

Os esforços para usar o nome da Madre não cessaram após sua morte. Em 1998, Steve Jobs escreveu uma elogiosa carta às Missionárias da Caridade pedindo para usar a imagem da Madre em uma campanha da Apple, "Pense Diferente", que homenageava os "grandes pensadores e inspirações do século XX". Ele esperava mostrá-la como um dos "gênios" da Apple, em um anúncio com a famosa foto de uma Madre Teresa radiante olhando para um bebê que segurava acima da cabeça. Escreveu: "É minha esperança que a imagem de Madre Teresa faça brilhar ainda mais a luz que brilha no coração das pessoas ". As MCs não permitiram. Não se sentiram confortáveis em associar Madre Teresa a uma campanha secular, em especial uma conduzida por uma empresa conhecida por suas posições sociais progressistas.

Outras organizações tiveram propósitos menos nobres. Em 1997, uma organização internacional de ajuda humanitária, Food for the Poor[5], enganou os lares da MC no Caribe pedindo que enviassem uma lista do que precisavam, e então, pouco antes do primeiro Natal após a morte da Madre, publicaram essa lista em uma mala-direta de arrecadação de fundos, enviada para trezentas mil pessoas. "Com sua ajuda, as Missionárias da Caridade terão o que precisam [...]. Elas precisam agora de nossas orações e

---

5   Em tradução livre, *Comida para os pobres*. (N.T.)

nosso apoio mais do que nunca", dizia o texto. Quase um milhão de dólares foram derramados nos cofres da Food for the Poor antes que pudéssemos impedir essa solicitação descarada. O dinheiro que arrecadaram para eles acabou transferido para as MCs.

Interações da Madre com governos locais foram igualmente confusas. Ela conhecia o prefeito de Nova York, Ed Koch, muito bem, de suas muitas reuniões durante seus três mandatos como prefeito. Na verdade, quando ele estava se recuperando de um derrame leve, em 1987, ela o visitou em sua casa – e também o procurou para pedir duas vagas de estacionamento reservadas em frente ao seu lar para aidéticos, em Greenwich Village. Pouco antes das primárias democráticas municipais de Nova York, em 1989, Koch vendeu para a Madre dois prédios decadentes no Bronx, que o município tinha confiscado devido a impostos atrasados, por um dólar cada. Ela planejava usar essas propriedades para acomodar a superlotação da cozinha comunitária e do abrigo de moradores de rua que as MCs operavam havia mais de uma década sem custos para o governo.

Koch perdeu a eleição e seu sucessor, David Dinkins, insistiu que as MCs instalassem um elevador para os deficientes em um dos prédios a um custo de 25 mil dólares. A Madre se negou, dizendo: "Não precisamos de um elevador. Podemos carregar qualquer um que não possa subir as escadas. Esse dinheiro pode ser usado para administrar um centro de alimentação na África durante um ano". Ela me enviou a Nova York para transmitir a mensagem.

O Escritório para Pessoas com Deficiência de Nova York não se mexeu, então a Madre decidiu devolver os prédios para a cidade. Ela não queria constranger o novo prefeito nem pôr em risco seu bom relacionamento com as autoridades municipais, no entanto, em sua carta devolvendo os prédios, agradeceu a Dinkins: "Desde a primeira vez que fui a Nova York, todos na cidade, todas as autoridades, a polícia, tantas pessoas, têm sido pura bondade, e sou muito grata a você e a todos os líderes e autoridades que nos ajudaram". Apesar de seus esforços por discrição, o *New York Times* percebeu a controvérsia e publicou uma matéria com o título "Brigar com a prefeitura? Não. Nem mesmo Madre Teresa". Os prédios foram devolvidos à cidade.

Mesmo nas questões mais mundanas – aquelas relativas a dinheiro –, a Madre era inabalável quando se tratava das Missionárias da Caridade e dos necessitados. Em uma disputa particularmente complicada, uma mulher americana deixou em testamento 1,2 milhão de dólares para as Missionárias da Caridade, "para o cuidado e conforto dos muito pobres e destituídos dos Estados Unidos". Ela havia indicado um padre como executor e, após sua morte, em 1987, o padre imediatamente contratou um advogado com o propósito de desviar esse dinheiro para obras de caridade de sua própria diocese. Ele também desviou 67 mil dólares para si, como salário e despesas. Após quatro anos, ele não havia liberado um tostão para as MCs.

Ele chegou até mesmo a solicitar ajuda do arcebispo de Calcutá, pedindo que as MCs renunciassem à herança. A Madre enviou uma carta de recusa ao padre, pedindo que "gentilmente entregasse essa herança às irmãs no Bronx, para que o dinheiro pudesse ser usado de acordo com a intenção do doador". Implacável, o padre mudou de estratégia e pediu uma porção não identificada da herança, o que apenas fez com que a Madre endurecesse seu compromisso. Em sua resposta manuscrita, pela primeira e única vez nos anos em que a representei, ela considerou, a meu pedido, a possibilidade de recorrer à justiça: "Fui avisada que, se não for possível resolver essa questão prontamente, será necessário levarmos o assunto à justiça. Espero e rezo para que possamos evitar essa ação".

O padre não se deixaria influenciar. Ele ofereceu liberar os fundos em troca de uma doação de 250 mil dólares para a organização local de caridade católica que ele administrava. Telefonei para a Madre na Albânia e fiz o relato. Apesar do pedido dele de resgate, a Madre se recusou a expor a Igreja a um escândalo indo à justiça. Em vez disso, apelou ao bispo diocesano, escrevendo: "Nunca, em 41 anos na Igreja, as Missionárias da Caridade foram forçadas a pagar – a um padre consagrado – para receber um dinheiro que é legalmente nosso". Até nos encontramos com um cardeal americano na esperança de resolver o problema dentro da hierarquia da Igreja. Porém, passados meses, o advogado do cardeal me informou que Sua Eminência não estava em posição de intervir e, pior, que o padre estava disposto a ir à justiça para conseguir uma parte do produto da herança.

Em um último esforço de encerrar o conflito discretamente, Madre me pediu que organizasse uma reunião entre nós dois, o padre e seu advogado, durante o verão de 1992, quando ela estaria em Baltimore, abrindo um lar para aidéticos. Pouco antes de chegarem para a reunião, a Madre decidiu que queria falar com eles sozinha. "Melhor você ficar na capela e rezar enquanto eu cuido disso", disse ela. Senti como se estivesse deixando-a entrar sozinha na cova dos leões, mas ela não precisava de minha ajuda.

Meia hora mais tarde, os três saíram da sala e se despediram amigavelmente. "Pronto, resolvido", ela disse. "Eles concordaram que podemos ficar com todo o dinheiro." Fiquei chocado e perguntei como ela tinha feito. Tudo o que respondeu foi: "Agradeça a Deus".

Capítulo 6

Um chamado

"O que eu posso fazer, você não pode. O que você pode fazer, eu não posso. Mas, juntos, podemos fazer algo belo para Deus."
– Madre Teresa

Madre Teresa era uma mulher apaixonada. Jesus era seu tudo. Mas o nível do qual dependia da intercessão divina de sua mãe, Maria, não pode ser desprezado. O fundamento teológico da devoção à Nossa Senhora era simples: "Sem Maria, não haveria Jesus". Os documentos fundacionais das Missionárias da Caridade eram, igualmente, inequívocos: "Sem Nossa Senhora, não podemos suportar".

Como muitas boas mulheres católicas antes e depois, o exemplo de vida da Madre foi Maria. Mas poucas, se alguma, conseguiram ser tão parecidas com a Santíssima Mãe. Como Maria, ela nasceu para ser virgem e mãe. Embora não tivesse filhos de seu ventre, sua maternidade se estendeu pelo mundo. Começou com as Missionárias da Caridade, se espalhou aos seus amados pobres, tocou os afortunados em trabalhar com ela e, inclusive, tocou muitos que a conheceram apenas pela mídia.

"Minhas irmãs, padre, são o presente de Deus para mim, são sagradas para mim – cada uma delas", escreveu para um de seus guias espirituais. "É por isso que eu as amo – mais do que amo a mim mesma. Elas são uma grande parte da minha vida." Quando a Madre e eu íamos a uma de suas missões, as freiras davam gritinhos de alegria. Ela cumprimentava cada irmã como uma criança singularmente amada, olhando em seus olhos e segurando seu rosto, enquanto impetrava sua bênção. Lembro-me de deixar a Madre, após um longo dia, às 22 horas, em um convento no México. Ela estava exausta, mas, mesmo assim, estava ansiosa para ver suas irmãs. Quando a acompanhei até a porta, vi a longa fila delas esperando por sua mãe. Cada uma queria ficar a sós com ela, e ela se alegrava na companhia delas. O sono podia esperar.

E normalmente esperava. Ela nunca reclamava sobre o pouco que tinha dormido, embora acordasse antes das cinco da manhã, como suas irmãs, e dificilmente ia para a cama antes da meia-noite. Muitas vezes a vi esfregando os olhos vigorosamente para mantê-los abertos, mas nunca testemunhei qualquer mau humor por causa da privação de sono. Ela exigia alegria de suas irmãs e dava o exemplo.

A vida como freira veio naturalmente para a Madre. Desde o dia em que chegou à Índia, nunca duvidou ou olhou para trás. Mesmo quando ainda estava no convento de Loreto, era conhecida por sua ética no trabalho, permitindo-se quase nenhum momento de descanso. Acreditava que, se a mãe de Deus, grávida, pôde selar um jumento e ir a um lugar distante para ajudar sua prima Isabel, ela deveria ter o mesmo senso de urgência em lidar com os que sofriam nas favelas próximas.

Para os pobres e indesejados, o amor da Madre não tinha limites. Irmã Clare certa vez contou a história de uma criança abandonada que foi cuidada pela Madre: "Encontramos um menino picado por formigas negras e jogado numa lata de lixo – um recém-nascido". O bebê estava vivo, mas não havia para onde levá-lo, então as irmãs o trouxeram para viver com elas. Ele tinha a pele muito escura e a Madre o chamava de "Kalo Bhaluk", um diminutivo bengali que significa "urso negro". Após um dia em Kalighat, ela amava voltar para casa e segurá-lo. Cuidava das burocracias do dia segurando o bebê com um braço.

Madre Teresa fazia questão que as irmãs tratassem umas às outras com delicadeza. Certa vez, quando Irmã Monica admitiu que tinha ofendido outra irmã, a Madre mandou que ela fosse se desculpar. Obedientemente, Monica foi, mas encontrou a irmã dormindo. Achando que tinha cumprido a missão, voltou alegre e relatou para a Madre, que insistiu: "Acorde-a gentilmente e peça perdão".

Como uma mãe, ela se preocupava com suas irmãs e seus amigos. Certa vez, quando estávamos juntos no México, ela notou que eu não tinha almoçado. E, apesar de eu insistir que comeria mais tarde, foi até a cozinha, espalhou um pouco de manteiga de amendoim em duas fatias de pão e disse: "Aqui, toma. Agora você come isso". Então enfiou três bananas no bolso do meu casaco, sob meus protestos, o que ela achou engraçado. Outra vez, estávamos juntos numa terça-feira gorda, na véspera do início da Quaresma, e a Madre insistiu que eu comemorasse com uma xícara de café (estávamos com Padres MC, que normalmente servem apenas chá). Ela sugeriu que eu colocasse açúcar. "É muito escuro", disse. Colocou um bolinho e meia toranja no meu prato e ficou me observando até eu comer tudo.

Seu coração maternal sofria quando seus filhos sofriam. Ela se sentava ao lado da cama de irmãs doentes aplicando compressas para combater as febres altas da malária e lhes dando o conforto de um toque materno. Irmã Leonia foi mordida por um cachorro e contraiu raiva. As irmãs observaram seus espasmos e alucinações, sintomas clássicos dessa doença temida e incurável. A Madre se manteve ao seu lado durante suas últimas e agonizantes 48 horas de vida.

Madre Teresa tinha uma vasta família espiritual, e seu coração sofria quando alguém amado deixava esta terra. Ela ficou muito triste com a morte do Padre Celeste Van Exem, em 1993, seu guia espiritual nos anos em que estava saindo de Loreto e o homem que era considerado por alguns como cofundador das MCs. Depois por causa de Irmã Agnes, a primeira jovem a se juntar às MCs em 1949, que morreu cinco meses antes da Madre, em 1997. Madre chamava Agnes de seu "segundo eu" e mal conseguiu suportar tamanha dor.

Irmã Sylvia, que era muito próxima da Madre e supervisionava os lares das Missionárias da Caridade nos Estados Unidos, estava viajando com Irmã Kateri quando pneus defeituosos de sua van de passageiros explodiram numa estrada interestadual, próxima a Washington, em 1995. Ambas faleceram no acidente. Uma irmã, que estava em Calcutá naquela noite, me contou que, no momento do acidente fatal, Madre Teresa acordou no convento e perguntou às irmãs do quarto ao lado: "Quem está chorando? Ouço uma irmã chorando".

A fé da Madre na providência divina a sustentou nessa e em inúmeras outras tragédias, inclusive pessoais, como a separação de sua família. Sua mãe e irmã mais velha viviam na Albânia quando o país caiu sob o domínio impiedoso do ditador comunista Enver Hoxha, em 1946. Elas ficaram presas atrás da Cortina de Ferro. A correspondência tinha que ser contrabandeada para dentro e fora do país, e a Madre ficou sem informações sobre sua família durante onze anos. Quando finalmente recebeu notícias, em 1957, Madre Teresa escreveu a um amigo: "Recebi uma longa carta da minha mãe. Finalmente elas receberam notícias minhas – e só agora minha mãe sabe sobre as Missionárias da Caridade. Em 1948, soube que eu estava deixando Loreto – e depois nada –, por isso, pensou que eu estava morta". Esse período de silêncio foi excruciante para ambas.

Sua mãe escreveu: "Quero ver você antes de morrer. É a única graça que peço a Deus". Madre Teresa resolveu realizar esse desejo. Em 1965, foi à embaixada albanesa em Roma implorar permissão para que sua mãe e irmã deixassem o país. "Vim como uma criança buscando por sua mãe", ela disse ao funcionário albanês. "Depois expliquei que minha mãe era idosa e doente. Que tinha 81 anos e que desejava me ver, assim como eu desejava vê-la após tantos anos. Disse a ele que eu estava impotente para fazer algo e que apenas os albaneses poderiam dar a ela permissão para vir a Roma."

Embora o funcionário tenha se emocionado com esse apelo desesperado, seu governo negou o pedido. Madre Teresa recebeu a má notícia com sua característica confiança em Deus, mas não negou o preço emocional que isso exigiu. "Você não sabe o que esse sacrifício de não ver minha mãe custou para minhas irmãs", escreveu mais tarde. "O sacrifício dela e o meu nos aproximarão de Deus."

Em julho de 1972, Madre Teresa recebeu a notícia de que sua mãe falecera. Sua irmã, Age, morreu um ano depois. Após a morte do ditador Hoxha, em 1985, Madre Teresa finalmente pôde viajar à Albânia e reenterrou os restos mortais da mãe ao lado dos de Age. Elas esperariam pela eternidade lado a lado. A Madre colocou um crucifixo em cada túmulo e então beijou os túmulos.

Felizmente, seu irmão Lazar havia se mudado para a Itália antes da Cortina de Ferro. Quando a Madre começou a viajar para o exterior, ela pôde visitá-lo e à sua família. Sua filha, Agi Guttadauro, tinha crescido com as histórias do pai sobre sua irmãzinha, Agnes: como ela contrabandeava comida quando ele era mandado para a cama sem jantar por mau comportamento e, às vezes, até fazia o dever de casa por ele. Agi foi o mais próximo que Madre Teresa teria de uma filha biológica. Sempre que podia, ela os visitava na Itália, saboreando o tempo que passavam juntos. Foi um grande sacrifício para ela deixar de ter a própria família. Mas era mãe de suas irmãs e amigos, incluindo a mim. E ajudava seus filhos espirituais a discernirem a vocação, fosse na vida religiosa ou não, e a se renderem, como ela fez, à vontade de Deus.

Era uma vida difícil, mas nem todas que a amavam eram chamadas a serem irmãs.

Em 1987, minha futura esposa, Mary Sarah Griffith, suspendeu seus estudos no Davidson College e foi para Calcutá em busca de Madre Teresa e de uma direção para sua vida – assim como eu fizera dois anos antes. Desesperada para preencher um vazio espiritual que a atormentava, decidiu passar o inverno em Calcutá, servindo e orando junto com Madre Teresa e suas irmãs.

Ela chegou depois que o albergue da Associação Cristã de Mulheres Jovens (YWCA, na sigla em inglês) já estava fechado, então, em sua primeira noite em Calcutá, dormiu na calçada. Durante os dois meses seguintes, trabalhou em silenciosa obscuridade nas missões das MCs, começando e terminando seus dias na capela da sede, onde normalmente se sentava perto de Madre Teresa. Nunca se apresentou, mas estudava intensamente a Madre.

Mary voltou para casa no subúrbio de Washington, D.C., convencida de que Deus a estava chamando para ser freira. Entrou em contato com a casa MC no Bronx, e Irmã Frederick ficou animada com a notícia. Ela instruiu Mary a passar um tempo no lar para aidéticos, que acabara de abrir na capital, e a trabalhar e orar com as irmãs até maio, quando seriam admitidas novas candidatas. Mary se tornou voluntária residente da casa, e foi lá que a vi pela primeira vez, com o esfregão na mão, limpando o chão.

Soube, pelas irmãs, dos planos de Mary de ingressar nas MCs, e a admirei por isso. Ocasionalmente eu passava por ela na cozinha dos voluntários quando fazia serviço noturno com os homens no andar superior, mas não conversávamos. Havia sempre uma pressa para chegar aos residentes e começar a prepará-los para dormir. Além disso, conversas triviais com as irmãs e mulheres como Mary, que aguardavam a hora de serem chamadas a servir, eram desencorajadas. Jovens, que não eram padres, nem sempre tinham acesso à Madre ou às suas irmãs. Eu era muito cuidadoso em manter uma distância segura das mulheres.

Não consegui deixar de prestar atenção em Mary depois de vê-la rir. Cerca de um mês antes de ela entrar para o convento no Bronx, as irmãs decidiram entreter os residentes da Gift of Peace com uma pequena peça sobre a aparição da Virgem Maria, em 1858, à Bernadette Soubirous, de catorze anos, em Lourdes, na França. As irmãs designaram Mary para a direção, e duas residentes, Nila e Debbie, estrelariam a produção. Como todos os residentes, as duas eram portadoras de aids. Tinham sido viciadas em drogas e prostitutas e sobrevivido a grandes dificuldades, mas o amor das irmãs na casa, ia lentamente suavizando suas feridas amargas. Nila interpretaria a Santíssima Mãe, e Debbie, a jovem Bernadette.

No dia da peça, os residentes se reuniram, cerca de 25 no total, e, encostados nas paredes, estavam as irmãs e os voluntários, que tinham ido apreciar o show. Mary estava linda empunhando anotações de direção, vestida com um suéter rosa e uma saia com estampa floral. Ela deu boas-vindas a todos e leu a introdução da peça. Debbie colhia flores imaginárias quando Nila apareceu em uma gruta improvisada, com a cabeça coberta por um véu azul e um halo. Debbie recitou a primeira fala, como ensaiado: "Qual o seu nome?". Nila deveria responder como a Santa Virgem respondeu em 1858: "Sou a Imaculada Conceição". Em vez disso, ela disse: "Oi, sou Nila".

Debbie a repreendeu: "Sua vadia idiota. Devia dizer 'Sou a Imaculada Conceição'". A audiência engoliu em seco. A discussão entre as duas rapidamente ficou mais acalorada. Mary Griffith cobriu o rosto e começou a rir. Fiz o mesmo. Foi inesquecível.

Alguns dias antes de Mary ir para o Bronx, tivemos um jantar de despedida em um restaurante tailandês. A ideia foi minha, e bastante inocente, já que ambos tínhamos a intenção de entregar nossa vida completamente a Deus e a mais ninguém. Ela me contou como acreditava que Deus a estava chamando para a vida religiosa como freira, e eu compartilhei com ela que estava considerando seriamente o sacerdócio. Foi um encontro espiritual, nada mais. Antes de partir de vez, ela me mandou uma cópia de outro livro de Malcolm Muggeridge, *Jesus Rediscovered*[6].

Mary Griffith se tornou Irmã Katrina em junho de 1988 e desapareceu na vida do convento das Missionárias da Caridade. Cinco meses depois, pedi demissão de meu cargo no gabinete do Senador Hatfield e fui viver com os Padres MCs em seu seminário em Tijuana, um lugar que Madre Teresa descreveu como "uma grande cidade de pobreza". Padre Joseph me acolheu, enquanto eu trabalhava em tempo integral para a Madre. Minha vida no México era muito parecida com a que Mary tinha no Bronx. A agenda era organizada e fornecia bastante tempo para oração e trabalho, mas pouco para descanso. As necessidades das famílias no bairro onde os padres moravam eram imensas. Quando eu não estava embalando *dispensas*, sacos com alimentos básicos que entregávamos duas vezes por semana, ou visitando as casas simples das famílias, trabalhava em projetos designados por Madre Teresa ou por Padre Joseph. Às vezes, ele e eu conversávamos por horas sobre discernimento vocacional, oração e espiritualidade. Também analisávamos notas sobre a recente eleição de George H. W. Bush e o que isso poderia significar para nosso país natal.

Viajei muitas vezes com a Madre durante meu ano com os Padres MC. Em junho de 1989, a acompanhei a Memphis, onde tinha sido aberto um novo lar, e depois fomos a Washington, D.C. Estava esperando pela Madre na sala comunitária da Gift of Peace quando Mary Griffith entrou pela porta da frente. Fiquei surpreso: ela não estava usando o sari branco das postulantes a MC, vestia roupas comuns. Ela se sentou ao meu lado, e eu perguntei por que tinha voltado para Washington. Ela explicou que Irmã Frederick tinha lhe dito que não era vocacionada para ser uma MC e que tinha vindo apelar dessa decisão diretamente com Madre Teresa. Em instantes, Madre apareceu e pegou Mary pela mão, levando-a para uma reunião a portas fechadas na saleta. Dez minutos depois, Mary saiu com lágrimas escorrendo pelo rosto e foi embora sem nem olhar em minha direção.

Só descobri o que tinha acontecido quando voltei para o México. Recebi uma rara ligação telefônica de outro voluntário de tempo integral, Ralph Dyer, numa tarde de domingo. "Soube o que aconteceu?", perguntou sem

---

6 Em tradução livre, *Jesus redescoberto*. (N.T.)

fôlego. "Irmã Katrina saiu. Não está mais com as irmãs." Eu deveria ter suspeitado: a Madre não anularia a decisão da Irmã Frederick. Mas havia um motivo oculto naquela ligação: Ralph não achava que eu era feito para ser padre MC, ou mesmo um sacerdote, e admirava muito Mary. Embora não tenha falado isso explicitamente, eu deveria considerar um futuro com ela em vez de ficar com os Padres MC. O fato de ele estar me telefonando deixou isso bem claro.

Continuei naquele ano com os padres, mas o fato de Mary estar de volta à sociedade pode ter interferido em meu discernimento quanto à vocação ao celibato. Por mais que eu amasse a ideia de ser um padre, não me sentia chamado por Deus para ser um. Em janeiro de 1990, me despedi dos padres e fui a Calcutá para confirmar com a Madre que aquela era a decisão correta e ter certeza de que não estava dizendo não a Deus. Se ela tivesse me dito para entrar no seminário, eu o teria feito sem questionar, mas ela não disse. Disse que eu devia "orar para que Ele me usasse sem me consultar" (conselho que ela me daria diversas vezes). Então falou que eu deveria levar Jesus a lugares aonde ela não poderia ir, como a Casa Branca.

Irmã Priscilla, uma de suas confidentes no convento-sede e a secretária-geral da congregação, me contou que a Madre decidira escrever uma carta ao presidente George H. W. Bush pedindo que ele me desse um emprego. Não fiquei animado com essa notícia. Achava que tinha acabado com minha vida política em Washington e não queria inalar o gás inodoro que intoxica os que circundam o poder. A Madre parecia inflexível, então tentei baixar um pouco o tom. Talvez ela pudesse enviar a carta para John Sununu, chefe de gabinete de Bush, "para o presidente não ser incomodado com isso", sugeri.

No dia seguinte, a Madre me entregou uma carta manuscrita:

Prezado sr. Sununu,
Estou lhe escrevendo a propósito de Jim Towey, que eu conheci em 1985, quando estava trabalhando para o Senador M. Hatfield. Jim Towey tem ajudado nossas irmãs em Washington, D.C., em seu tempo livre desde 1985 e, no último ano, o convidei a ajudar nossos padres e Irmãs MCs em nossa missão, em Tijuana, próxima à fronteira de San Diego.
Jim passou quinze meses em Tijuana ajudando os padres MC de diversas formas, levando alegria, paz e amor aos pobres a quem eles servem.

Agora, Jim está retornando ao trabalho governamental em Washington com minha bênção, e é minha esperança que você possa lhe dar um emprego adequado.
Minha gratidão é minha oração por você, por sua família e pelas pessoas a quem serve.
Por favor, reze por mim e por Nossos Pobres.

Deus o abençoe,
M. Teresa, MC

Saí de Calcutá com três coisas: sua bênção, a carta e uma febre tifoide. Poucos dias após chegar a Washington, tive febre alta e fraqueza debilitante. Me mudei para um dos quartos de voluntários da Gift of Peace e fiquei tão doente quanto alguns dos residentes. Mary tinha retomado seus estudos universitários – dessa vez, na Universidade Católica –, mas ainda era voluntária no lar dos aidéticos. Irmã Dolores, a superiora lá, mandou Mary ao meu quarto com sopa e suco. Ela sabia que a presença suave e a risada maravilhosa de Mary eram mais medicinais do que o que levava na bandeja. Mais tarde ficaria claro que Irmã Dolores estava tão decidida a arranjar um casamento entre mim e Mary quanto Ralph. Quando me recuperei e voltei às minhas funções em tempo integral na casa, a irmã redobrou seus esforços. Por exemplo, certa vez ela me pediu que levasse os homens a um passeio ao zoológico e, quando os estava embarcando na van, Mary chegou para acompanhar as mulheres ao mesmo passeio.

Enquanto isso, o senador Hatfield encaminhou a carta de Madre Teresa para John Sununu, que providenciou que eu me encontrasse com seu vice, Andy Card. Ele me disse que não havia vagas abertas na equipe da Casa Branca, mas que procuraria um lugar para mim na administração. Não fiquei desapontado com a notícia nem particularmente interessado em um emprego no governo. Estava feliz em estar imerso na vida e nas necessidades dos residentes da Gift of Peace e não tinha pressa para voltar à competição desenfreada. Meses se passaram e nenhuma oferta de emprego surgiu, mas Mary e eu nos aproximamos nesse namoro mais incomum – ela morando com os pais, e eu em um lar para aidéticos.

No fim do ano, porém, eu já tinha queimado minhas economias e meu fundo de pensão e precisava voltar a um emprego remunerado. Fui entrevistado para um cargo com o recém-eleito governador da Flórida, Lawton

Chiles, para quem tinha brevemente trabalhado quando ele era senador. Me apresentei vestindo um terno que alguém havia doado às MCs. Ele me contratou e disse para ser seus "olhos e ouvidos junto aos pobres". Era uma perspectiva atraente e, melhor ainda, ele entendeu que eu queria continuar ajudando Madre Teresa e suas irmãs sempre que fosse chamado.

Enquanto me preparava para ir para Tallahassee, em novembro de 1990, escrevi uma carta para Madre Teresa contando que o emprego na Casa Branca, que ela havia imaginado, nunca se materializara, e ela me respondeu dizendo: "Como nada veio da Casa Branca – talvez nosso Senhor não queira você lá". Mas também compartilhei minha intenção de pedir Mary em casamento e pedi sua aprovação e bênção. Sua resposta manuscrita não apenas me concedeu os dois, como sugeriu a data em que deveríamos nos casar. Enquanto isso, Mary estava terminando seus estudos em Washington e continuava a ajudar na Gift of Peace. Nosso relacionamento se aprofundava a cada telefonema e carta, e eu estava cada vez mais convencido de que ela era a pessoa certa para mim. Ela já havia decidido que iríamos nos casar e, não tão sutilmente, sugeriu datas e lugares onde pudéssemos nos encontrar e ficar noivos. Seus estudos de espanhol a levaram para a cidade do México em 1991, e eu a visitei lá, disfarçando minha intenção de fazer o pedido com a desculpa de que tinha ido me reconectar com os Padres MC. Fomos à missa na Basílica de Nossa Senhora de Guadalupe, o santuário mariano mais visitado no mundo. Padre Joseph providenciou para que usássemos a capela privativa do andar superior, com vista para a missa que era celebrada no altar principal, abaixo.

No momento da liturgia, quando o padre convida os fiéis a oferecerem uns aos outros "um sinal de paz", me ajoelhei e pedi a Mary que fosse minha esposa. Achava que, talvez, se fizesse o pedido naquele lugar sagrado, durante uma missa, poderia receber graças e proteção especial para não estragar o casamento. Minha doce Mary espontaneamente se ajoelhou e, com lágrimas nos olhos, disse sim.

No mundo das Missionárias da Caridade, nosso noivado foi uma grande notícia. Em um telefonema da Albânia, depois que eu tinha feito o pedido, a Madre me disse tranquilamente: "Muito bom. Muito bom. Vocês podem passar a lua de mel na Albânia". (Esse, possivelmente, foi o único conselho seu que não seguimos.) Contudo, Madre deixou uma coisa clara: "Vocês precisam ter uma casa normal com coisas boas, apropriadas para sua posição. Vocês não são MC e não devem viver como MC. Devem ser normais. Você deve sustentar sua família com um emprego adequado. Deus lhe mostrará o que fazer".

Madre Teresa veio a Washington em dezembro e entregamos a ela o primeiro convite do nosso casamento. Ela beijou e abençoou nossas alianças, depois segurou as mãos de Mary e olhou em seus olhos, dizendo: "Mesmo que a Madre esteja longe, estarei sempre com vocês em minhas orações". Ela nos disse para termos cinco filhos – um para cada um dos Mistérios Gozosos do Rosário. Já estava agendada para estar no México em 1.º de fevereiro, a data de nosso casamento, mas deu rara permissão a 35 de suas irmãs para comparecerem à cerimônia, representando-a em nosso grande dia.

Tive a graça de falar com Madre Teresa por telefone naquela manhã e, quando lhe disse que a cerimônia seria ao meio-dia, ela prometeu: "Estarei na capela fazendo uma hora santa por você e Mary durante esse tempo". Todos os que compareceram à cerimônia se lembravam do canto angelical das irmãs e de Irmã Dolores interrompendo nossa procissão triunfante pelo corredor para colocar guirlandas de flores no nosso pescoço.

Não perdemos tempo em seguir as ordens da Madre de termos uma grande família. Mary engravidou sete semanas após o casamento. James nasceu no fim de dezembro; Joseph veio 23 meses depois e Maximilian, 21 meses depois de Joe (e dez meses após um aborto espontâneo, que levou Mary à sala de emergência).

Durante aqueles cinco primeiros anos de casamento, sempre que eu telefonava para a Madre para falar de questões legais, ela invariavelmente perguntava pelas crianças. Cada vez que as encontrava, se deliciava com elas. Quando Joe foi a uma reunião comigo, ela pegou sua chupeta do chão e a colocou de volta em sua boca. Cada um dos meninos deixou sua marca indelével na Madre: Jamie a mordeu, Joe acertou sua cabeça e Max quase engoliu a Medalha Milagrosa que ela tinha lhe dado (tive que pescar a medalha da sua boca com o dedo). Durante aqueles anos, a fiz rir, sempre terminando nossas ligações com saudações dos meninos à sua "Avó Teresa".

Capítulo 7

Mãe dos excluídos

"A pior doença não é a lepra ou a tuberculose. É a solidão. É ser rejeitado. É esquecer a alegria, o amor e o toque humano."
– Madre Teresa

Passei o início dos anos 1990 tentando equilibrar as demandas de uma família que crescia, os muitos pedidos de ajuda de Calcutá e meu trabalho cotidiano dirigindo a Agência de Serviços de Saúde e Reabilitação de Miami com seus cinco mil funcionários. Meu escritório ficava do outro lado da rua, em frente à delegacia de polícia, no bairro de Overtown. Estava no centro da ruína da cidade e em contato regular com legiões de crianças adotivas, portadores de deficiência e doentes mentais em instituições públicas, e os numerosos pobres da cidade que dependiam de cupons de alimentação federais para sobreviver. Estava havia nove meses na função quando o furacão Andrew varreu o sul da Flórida e aumentou enormemente o número de moradores sitiados buscando ajuda governamental. O trabalho era gratificante e exaustivo em igual medida.

Fiquei dezoito meses em Miami e depois fui a Tallahassee para chefiar toda a rede de serviços do Estado. Foi lá que aprendi os limites do que os programas financiados pelos contribuintes podem fazer pelos mais necessitados. Um viciado em drogas ou uma mãe sem teto, não importa o quão bem-intencionados ou orientados sejam, precisam mais do que serviços de burocratas. Os pobres clamam por conexão humana, por alguém que se importe com eles. O governo não pode fornecer isso, porque o governo não pode amar. É por isso que organizações religiosas e comunitárias normalmente são mais eficazes em reparar as vidas despedaçadas daqueles a quem servem. Madre Teresa me ensinou que as feridas mais profundas da humanidade podem ser melhor curadas por meio do amor e da compaixão, uma pessoa de cada vez.

O voto das Missionárias da Caridade de fornecer "serviços sinceros e gratuitos aos mais pobres dos pobres" significa não apenas trabalhar *nas* favelas, mas trabalhar *com* os mais miseráveis dos moradores das favelas. Veja o exemplo dos leprosos de Calcutá. A lepra acompanha a civilização desde o início. Ser um leproso sempre significou exclusão de todas as partes da sociedade organizada, incluindo família e amigos, e uma vida de exílio como mendigo. Na Europa, na Idade Média, leprosos eram obrigados a usar roupas especiais e tocar um sino ao se aproximar de incautos. Mil anos mais tarde, na Calcutá do pós-guerra, o estigma da doença não era menos humilhante. Eles eram marginalizados e abandonados por todos. As primeiras incursões de Madre Teresa dentro das favelas de Entally a colocaram em contato direto com essas almas negligenciadas. Eram essas pessoas que a Madre buscava ao fundar as MCs. Ela não tinha medo e estava certa do consolo que sua missão traria.

A Madre e suas Missionárias da Caridade montaram clínicas móveis para levar serviços médicos a bairros com alta concentração de leprosos. Ela sabia que eles não estariam dispostos nem seriam capazes de ir até um consultório de tijolos e argamassa. Quando eu fui testemunhar esse trabalho, as MCs já tinham registrado quatro milhões de visitas de leprosos a essas clínicas em toda a Índia. Madre também fundou Shanti Nagar, uma cidade para os leprosos e suas famílias a cerca de 320 quilômetros de Calcutá. Era nesse lugar que era tecido o algodão dos saris usados pelas MC, em teares operados por leprosos. A Madre falava com orgulho dessa conexão, sempre que era perguntada sobre seu traje. Ela procurou dar aos leprosos um trabalho significativo e propósito em servir aos outros, em vez de simples caridade.

O cuidado da Madre por todos os excluídos era inspirado no exemplo de Jesus. Os Evangelhos registram a cura de leprosos, sua ternura para com a mulher samaritana no poço e com a adúltera lançada aos Seus pés, e a parábola do Bom Samaritano. Jesus disse "Vinde a mim, vós todos que estais aflitos sob o fardo", e então a Madre abriu lares reservados para leprosos, crianças órfãs, deficientes graves e mulheres e meninas escravizadas no tráfico sexual.

Os párias da sociedade despertaram a mãe na Madre. Em seu discurso nas Nações Unidas, em 1985, ela fez alusão ao lar para portadores de aids que estava abrindo em Greenwich Village. O mundo tinha acabado de descobrir a doença que se espalhava rapidamente, de modo assustador, nas comunidades marginalizadas: homens gays e usuários de drogas. A doença era tão terrível e misteriosa que os que contraíam aids normalmente não tinham para onde ir. As pessoas estavam com medo desses novos leprosos, e a Madre correu para preencher o vazio. O lar para aidéticos de Nova York foi seu primeiro nos Estados Unidos. Em alguns anos, ela abriu novas casas desse tipo em Washington, D.C., São Francisco, Denver, Atlanta e Baltimore. Meu tempo como voluntário na Gift of Peace, em Washington, foi muito enriquecedor para mim; os moribundos que conheci me mostraram coragem e dignidade irrestrita.

Christine e Gregory são dois dos quais não posso esquecer. Eles vieram para a Gift of Peace, na capital, com meses de diferença entre um e outro, em 1990, e os dois pareciam estar entre os candidatos mais improváveis a ter aids e a não ter teto. Ambos eram inteligentes e tinham diploma universitário e ambos tiveram empregos bem remunerados – ela na *Blue Cross Blue Shield*, uma empresa privada de planos de saúde, e ele na *Amtrak*, empresa estatal de transporte ferroviário. Chris tinha os trejeitos e feições de uma modelo profissional, e Greg tinha inteligência e charme que atraíam os outros à sua companhia. Com tudo isso, como esses dois tinham ido parar na Gift of Peace?

No caso de Greg, a resposta era simples: foram as drogas. Ele vinha de uma família grande: uma irmã mais velha, Anita; dois irmãos mais novos, Neil e Adrian; e uma irmãzinha, Bonnie. A vida em casa fora profundamente afetada pelo assassinato do pai. A mãe precisou trabalhar em tempo integral para sustentar a família, deixando os adolescentes por conta própria. Seus irmãos rapidamente se voltaram para as drogas, mas Greg resistiu à tentação. O bom exemplo de Anita lhe dava forças para resistir, ele me disse. Porém, um dia, ele a viu usando drogas secretamente e cedeu. Rapidamente ficou viciado, e o estilo de vida de um viciado em drogas acabou levando-o para as ruas e, então, para o lar de aidéticos. Nas raras ocasiões em que seus irmãos vieram visitá-lo, lhe deram pouco amor ou compaixão. Uma vez os vi discutindo na frente dele sobre quem ficaria com a televisão após sua morte. Eles gastavam os cheques governamentais dele e ignoravam seus pedidos para lhe trazerem um pacote de Newports (sua marca favorita de cigarros) e suco.

Algumas semanas antes de sua morte, eu lhe perguntei se acreditava em Deus e se se arrependia de seus pecados. Ele respondeu com seu jeito caracteristicamente franco: "Jim, experimentei de tudo o que é possível na vida, e olhe para onde isso me trouxe. Quero experimentar Deus. Acho que pode ser uma coisa boa". Para ele foi simples assim, e então pediu para ser batizado. As irmãs fizeram os preparativos e convidaram a família dele. De seu quarto, desci as escadas com Greg nos braços até a capela, onde toda a sua família estava reunida. Provavelmente acreditavam que ele tinha sido coagido e que aquele ritual era o *quid pro quo* pelos cuidados gratuitos que recebera das irmãs. Era tudo, menos isso. Quando o Padre Ryan começou o ritual do batismo, perguntando: "Greg, você acredita em Deus, o Pai Todo-Poderoso, Criador do céu e da terra?", sua resposta foi retumbante. O "Sim, acredito" de Greg não poderia ter sido mais forte ou ter mais convicção. Sua mãe começou a chorar e não conseguia parar. Seus irmãos ficaram profundamente aturdidos.

Daquele dia em diante, se tornaram visitantes regulares e frequentemente faziam vigília em seu quarto. No sábado antes de sua morte, seu irmão Neil e sua irmã Bonnie foram visitá-lo. Eu estava no quarto quando chegaram e, com um inesperado rompante de força, Greg falou: "Neil, venha aqui, me dê um abraço". Relutantemente, Neil se obrigou a um abraço rápido e frio. Greg olhou para ele e continuou: "Você tem sido um irmão terrível, mas eu o perdoo por tudo o que fez e amo você". Neil começou a chorar. Não disse uma palavra. Não precisava.

A espiral descendente de Christine, para mim, estará sempre envolta em mistério porque ela tinha se fechado emocionalmente antes de chegar à casa Gift of Peace. Falava pouco e sorria ainda menos. Sua única visita foi a avó, que veio apenas algumas vezes. Irmã Carmel, uma das MCs que cuidava de Chris, sabia que ela era solitária e lhe preparou uma comemoração de aniversário. As irmãs compraram um bolo e acenderam um punhado de velas. Chris estava tão fraca que precisei pegar uma das velas e aproximá-la de seus lábios para que tivesse fôlego suficiente para apagá-la. Mesmo que nenhum amigo ou familiar tivesse vindo, ela pareceu feliz com a festa e a atenção. Numa tarde de domingo, saí para o estacionamento e vi dois homens tomando goles de uma garrafa embrulhada em um saco de papel pardo. Perguntei por que estavam ali, e o mais bêbado se identificou como o pai de Chris. Eu o acompanhei escada acima até a ala feminina da casa, onde poderia ver a filha. A visita foi um desastre, eu soube mais tarde, e apenas pareceu deixar Chris ainda mais triste.

Ela faleceu cerca de uma semana depois da visita. Irmã Dolores, superiora do lar, anunciou que haveria um funeral na capela maior, no andar superior, o que foi uma surpresa, pois eu não achava que Chris tivesse família ou amigos que se incomodassem em comparecer. Estava errado – e chocado. Cerca de cem pessoas vieram, lotando nossa capela. O corpo de Chris descansava em um caixão simples em frente ao altar, e amigos e ex-colegas de trabalho soluçavam; alguns, inclusive, desabaram em luto. Um disse em voz alta: "Me perdoe, Chris, por não ter vindo visitar você. Sinto tanta culpa". A morte de Chris parecia estar ensinando a eles uma lição amarga em uma época em que a aids ainda carregava um enorme estigma.

As irmãs na casa Gift of Peace ofereceram a Chris e a Greg amor, cuidado e perdão quando a própria família e os amigos deles não puderam. Greg fez as pazes com os irmãos e seu passado, e a família e os amigos de Chris tiveram a oportunidade de buscar perdão por suas falhas. Esse foi o sucesso de Madre Teresa. O trabalho de sua vida enviava ondas de compaixão que podiam transformar um lar para portadores de aids em um lugar de cura, reconciliação e aceitação.

Amor assim era algo que o estado simplesmente não poderia fornecer. Na verdade, parecia que muitos burocratas não conseguiam sequer entender. Em 1995, o Departamento de Serviço Social da Califórnia tentou fechar o lar para aidéticos da Madre em São Francisco, em boa parte por causa das armadilhas religiosas arraigadas nos cuidados que as irmãs forneciam. Em seus primeiros cinco anos de operação, a Gift of Love[7] foi o lar terreno final de 134 homens. Muitos dos pacientes vieram da penitenciária estadual de San Quentin e de outras prisões. As irmãs amavam e cuidavam de todos eles e nunca pediram um centavo do governo local, estadual ou federal.

---

7 Em tradução livre, *presente de amor*. (N.T.)

Em maio de 1995, o governo estadual notificou as Missionárias da Caridade. Para continuar operando, a Gift of Love deveria estar em conformidade com as 44 páginas de regulamentos que regem "Instalações Residenciais de Cuidados de Doentes Crônicos". O novo treinamento e as obrigações burocráticas eram onerosos e caros para uma casa simples, administrada por freiras com a ajuda de alguns voluntários devotos. Outros requerimentos eram igualmente inaceitáveis. Refeições não poderiam ser mais trazidas pelas igrejas locais. As irmãs e os voluntários deveriam ter as digitais coletadas. Pornografia deveria ser permitida nos quartos dos residentes, e o tom religioso da casa deveria ser atenuado. Se as MCs não cumprissem essas regras, receberiam multas diárias por quaisquer "deficiências" e, em última análise, a instituição seria fechada.

As MCs não conseguiram atender àquelas demandas e, após meses de negociação, percebi que o estado não recuaria. Por fim, disse à Madre que teríamos que cumprir as exigências ou interromper as operações até o fim do mês. Madre Teresa não hesitou: "Diga a eles que vou fechar a casa, e que venham buscar as pessoas". Ao receber minha carta informando essa decisão, o Departamento de Serviço Social percebeu que enfrentaria uma crise humanitária – e um desastre de opinião pública. Subitamente, o Estado determinou que a "licença para a Gift of Love [...] pode ser concedida sem qualquer grande interrupção na operação ou nos serviços da instalação [...] [Nós] não antevemos qualquer problema maior que não possa ser resolvido".

Nem sempre foi o Estado e as autoridades locais que se colocaram no caminho das irmãs em suas tentativas de cuidar das vítimas da aids. O desprezo velado do público em geral por homens gays, prostitutas e usuários de drogas fez com que esses abrigos rapidamente se tornassem objeto de resistência do tipo "não no meu quintal". A Madre enfrentou oposição semelhante na Índia, quando procurou abrigar leprosos em locais onde os residentes ficaram horrorizados com o desejo da Madre de recebê-los. A Gift of Peace em Washington, D.C., quase não abriu devido à hostilidade dos vizinhos e do governo da capital. As audiências públicas de zoneamento tinham sido uma farsa: um vizinho alegou que um mosquito poderia picar um paciente e atravessar a rua voando e infectar alguém. Tais temores eram comuns em meados de 1980, quando pouco era conhecido sobre a aids e sua transmissão. Graças a uma brecha nos regulamentos da lei de zoneamento, as MCs puderam abrir a casa em novembro de 1986 e operá-la legalmente. Dr. Anthony Fauci, mais tarde famoso por sua atuação na pandemia da covid-19, treinou o primeiro grupo de irmãs nos protocolos de doenças infecciosas.

No entanto, a oposição da vizinhança só se intensificou após a abertura, e o conselho de zoneamento ameaçou fechar a casa. A pedido da Madre, o Senador Hatfield interveio com o prefeito, e dezoito meses após a abertura da Gift of Peace, diante da contínua hostilidade do governo local, o Congresso deu um passo extraordinário ao isentar a casa da lei de zoneamento do D.C. A assinatura do presidente Reagan tornou-a Lei Pública 110-462, e a propriedade permanece isenta até hoje.

Para mim, é um lugar sagrado, e agradeço a Deus por se manter aberto. Quase todas as pessoas de quem cuidei na Gift of Peace eram adultas, mas a que não era foi uma das pessoas mais inesquecíveis que conheci. Em 1987, Tina, de oito anos de idade, chegou à casa em estágio avançado de aids. Ela havia contraído o vírus no nascimento, da mãe, que era prostitua e viciada em drogas. O pai já tinha morrido de aids quando ela chegou até nós.

Alguns meses antes, Tina havia contraído catapora. Sem nenhuma supervisão parental para protegê-la de si mesma, coçou a pele até as manchas se transformarem em grandes feridas abertas. As feridas infeccionaram e seu sistema imunológico comprometido era impotente para curá-las. Onde as mãos de Tina não conseguiram alcançar, as marcas haviam desaparecido, por isso a pele de suas costas era suave como a de qualquer criança. Mas seu rosto, pescoço, braços, barriga e pernas estavam cobertas com feridas recentes infectadas com a bactéria *estafilococos*.

Essas feridas sangravam e, com a aids e o *estafilococos*, Tina era altamente contagiosa. As irmãs tomavam o cuidado de banhá-la todos os dias, o que parecia proporcionar desconforto e alívio. Todos os que a atendiam tinham que usar máscara e luvas e ter cautela extrema para não ser infectado por seus fluidos corporais. Algumas noites, ela me pedia que removesse as minúsculas fibras de tecido presas às feridas. As fibras pareciam distraí-la de seus problemas mais sérios, como tosse incessante, febres altíssimas e diarreia persistente – todos sintomas comuns em pessoas com estágio avançado de aids.

Tina sentia dores constantes, mas quase nunca reclamava. Amava brincar, mesmo estando confinada à cama, e sua risada fazia qualquer um esquecer por um momento onde ela estava e por quê. O sotaque sulista, sorriso iluminado e as tranças soltas conquistavam o amor das pessoas e as atraíam para cuidar dela, apesar de suas temerosas feridas. Certa manhã de sábado, Sandy McMurtrie e suas filhas adolescentes vieram para limpá-la, vesti-la e mimá-la, e ela se encantou com essa atenção especial. Irmã Dolores tomava cuidados extras para que Tina tivesse a quantidade certa de companhia, sem ficar superexposta nem sozinha.

Durante o recesso de Natal, mudei-me para a Gift of Peace para ajudar, o que me proporcionou muitas horas com Tina. Ela compartilhou histórias de sua vida em casa e não tinha noção do quão dura fora sua infância. Me contou como, certa vez, encontrou a mãe "dormindo" no chão. Tina lhe trouxe um sanduíche de queijo e um copo de leite para tentar reanimá-la, sem saber que estava desmaiada. À noite, frequentemente eu ouvia a voz de Tina ecoando pelos corredores, chamando "Onde está minha mãe? Eu quero a minha mãe!". Uma vez, no delírio da febre, ela orou o "Pai-Nosso" em voz alta durante o sono, repetindo algumas frases diversas vezes. Cantava "Jesus me ama" repetidas vezes, indicando que alguém, em algum momento, a levara à igreja. Porém, normalmente, passava as noites tossindo, se virando, acordando e me chamando para levar alguma coisa para ela beber. Ela odiava ficar sozinha. De vez em quando, seu belo sorriso e seus olhos castanhos alegres brilhavam como os de outras meninas de sua idade. A maioria de seus dias, no entanto, era passada em tormento físico, e ela enfraquecia gradativamente.

Tina viveu na Gift of Peace por seis semanas. Pouco antes de ela falecer, Irmã Dolores telefonou para o meu escritório no Capitólio, com a voz ansiosa. "A mãe de Tina precisa vir visitá-la antes que seja tarde demais." O endereço de Tina estava em seu formulário de admissão, mas eu sabia que um homem desconhecido aparecendo ali poderia causar problemas. Entrei em contato com uma amiga que conhecia do Capitólio, Polly Gault, e pedi ajuda. Polly era uma guerreira (tinha acabado de ser nomeada diretora-executiva da Comissão Presidencial sobre a Epidemia de HIV) e não temia a vizinhança aonde teria de ir. A mãe de Tina – embora drogada e beligerante com a chegada de Polly –, concordou em ver a filha. No caminho, Polly comprou um McLanche Feliz, o favorito de Tina, para que a mãe pudesse dar à sua filhinha.

Ainda era fim de tarde, porém escuro como a noite lá fora, quando a mãe de Tina entrou na Gift of Peace usando óculos escuros. Ela era terrivelmente magra e parecia bem doente e frágil, mas projetava um ar de orgulho desafiador em face de sua humilhação, pois todos sabiam que nunca fora uma mãe presente para a filha. Ela nos ignorou e foi direto até Tina, subiu em sua cama e a segurou como qualquer mãe amorosa faria. Surpreendentemente – e milagrosamente –, por um instante, nada poderia se colocar entre ela e sua pequena. Não ficou muito tempo, nem falou muito, mas tinha segurado a filha doente. Foi um momento de graça.

Vi Tina na véspera de sua morte. Estava muito fraca, com a respiração bem difícil. Assim que entrei em seu quarto, disse: "Tina, vamos brincar!". Perceptivelmente, ela se animou – a criança dentro dela estava muito viva! Me pediu que fosse buscar um jogo. Saí do quarto à procura de um e, quando voltei momentos depois, ela estava dormindo profundamente. Era melhor assim. Logo, ela estaria brincando na eternidade, para sempre jovem, para sempre amada.

Capítulo 8

Um coração humano

"Religiosos não têm motivo para ficarem tristes. Ser mal-humorado é ser orgulhoso, pensar apenas em si mesmo."
– Madre Teresa

"A santidade não te torna menos humano", escreveu Papa Francisco em *Gaudete et Exsultate*, em 2018, "porque é o encontro da tua fragilidade com a força da graça." Católicos acreditam que a graça se baseia na natureza humana, o que significa que santos se tornam santos não por serem "super-humanos", mas por serem completamente humanos – ao se permitirem ser "amados e liberados por Deus" e "guiados pelo Santo Espírito".

Segundo esse entendimento, Madre Teresa foi a mais humana das mulheres. Ela compartilhava a graça de Deus com o mundo por meio de seu tremendo amor maternal e seu exemplo. Ela usou todos os seus talentos para glorificá-Lo e cumprir as tarefas que Ele lhe deu, e pediu perdão por seus erros e fraquezas. Não foi nenhum milagre, e sim sua humanidade e humildade que fizeram Madre Teresa ser tão adorável e excepcional.

Em dezembro de 1987, eu a apresentei à minha mãe, que tinha vindo da Flórida para Washington me fazer uma visita. Minha mãe não se incomodou por eu chamar outra pessoa de "mãe" (uma vez que Madre significa mãe). Madre Teresa abraçou minha mãe e até insistiu para que tirássemos uma foto nós três juntos. Ela queria que minha mãe se sentisse especial. Quando fui viver com os Padres MC, ela mandou que eu escrevesse para minha mãe a cada duas semanas. A Madre era boa em fazer as pessoas sentirem seu amor maternal. Sempre garantia que eu me alimentasse adequadamente. Me dava broncas quando eu esfregava os olhos, dizendo que isso não estava ajudando minhas alergias. E sei que minha família estava em suas orações: uma irmã me contou que, na última visita da Madre a Washington, em 1997, viu uma foto da minha família em seu livro de orações, a única família a receber essa graça.

A Madre colocou todos os seus talentos a serviço de Deus. Sua própria mãe havia incutido nela o amor pelas artes, em particular a música, e a Madre tinha uma voz linda, baixa e melodiosa. Todas as vezes em que estávamos na mesma capela para a missa, eu sempre distinguia seu contralto, imediatamente reconhecível entre as outras vozes e sempre em natural harmonia. Cantar parecia aproximá-la de Deus e de suas irmãs; era um pilar de sua vida comunitária e de adoração. Ela usou isso para acalmar as centenas de alunas escondidas no porão da escola em Entally, em agosto de 1946. As canções bengalis conhecidas tranquilizaram as meninas enquanto a violência assolava a cidade lá fora.

Ela também era uma escritora talentosa. Escreveu os documentos fundacionais das Missionárias da Caridade, bem como dezenas de cartas de instruções que circulavam entre suas irmãs no mundo todo. Seu estilo era sempre simples e suas palavras eram cheias de sabedoria. Expunha naturalmente as escrituras com a visão de um teólogo experiente. Existem milhares de cartas pessoais de Madre Teresa espalhadas pelo mundo – sempre manuscritas, normalmente tarde da noite. O que disse às suas irmãs, a clérigos, amigos e doadores foi rico em discernimento.

No verão de 1988, ela respondeu às minhas frustrações com o trabalho no governo, me lembrando de que é "bom purificar a 'política' e fazê-la para a glória de Deus e pelo bem do povo. Se os políticos tiverem isso em mente haverá paz e alegria em cada coração humano". Suas palavras foram um impulso espiritual, e ainda aprecio essa carta (com três páginas, a mais longa que me escreveu), que é repleta de orientação espiritual assim como detalhes cotidianos da administração das MCs sempre em expansão:

> Aprenda a orar o trabalho. Faça isso com Jesus, por Jesus, para Jesus e, em meio a todo o trabalho do governo, faça tudo por Jesus através de

Maria. Você deve levar santidade para o centro do governo. Espero poder conhecer o embaixador iugoslavo. Não sei por que esse problema – agora temos quatro casas. Rezo por você – pois tenho certeza de que Jesus quer algo mais de você – para ser Seu amor, Sua presença ali, onde Ele colocou você. Não tenha medo de aceitar uma posição ainda mais alta, na condição de que você seja Seu amor, Sua presença – que eles olhem e vejam apenas Jesus em você. O maior amor que pode demonstrar a mim é que ama Jesus com toda a ternura de seu amor e que mantém seu coração puro.

A antologia organizada pelo Padre Brian Kolodiejchuk, *Venha, seja minha luz*, reproduz muitas belas cartas da Madre.

Ela era muito inteligente e intelectualmente curiosa. Falava com fluência cinco idiomas: albanês, servo-croata, bengali, híndi e inglês. E era uma poderosa oradora. Qualquer audiência podia ver claramente que era genuína. O estranho é o quanto temia falar em público. Só fez seu primeiro discurso aos cinquenta anos de idade. Em outubro de 1960, ela fez o discurso de abertura em uma reunião do Conselho Nacional de Mulheres Católicas, em Las Vegas. Foi a primeira vez, em mais de trinta anos, que saiu da Índia.

Ela nunca superou sua timidez e o desconforto por estar no centro das atenções. Certa vez, disse a um amigo que, para ela, enfrentar a imprensa "é mais difícil do que dar banho em um leproso". Mas acabou aceitando a necessidade de tais deveres. Sentia que Deus demandava isso dela e que lhe daria as palavras a serem ditas, e parece que Ele sempre o fez. Como se para provar isso, era sua prática falar sem usar anotações. A única exceção da qual me lembro foi o discurso no Café da Manhã Nacional de Oração, em 1994. Ela estava com 83 anos e a saúde debilitada, e queria ser precisa em suas observações sobre o aborto ao se dirigir aos poderosos da nação.

Madre Teresa era uma defensora do direito à vida. Sentia que ser pró-pobres e pró-vida era a mesma coisa. Durante décadas, alocou crianças indesejadas pelos pais em lares adotivos, e seus orfanatos acolheram crianças com deficiências congênitas e de desenvolvimento, que eram mais difíceis de serem adotadas. Ela também abriu lares para mães solteiras em muitas cidades, incluindo uma que ficava a quinze quilômetros do salão de festas do Hilton, onde falou naquele dia. "Qualquer país que aceita o aborto não está ensinando seu povo a amar, mas a usar a violência para conseguir o que quer", disse a uma audiência silenciosa. "É por isso que o maior destruidor do amor e da paz é o aborto."

Mary e eu estávamos lá quando ela fez esses comentários e vimos o presidente Bill Clinton, firmemente pró-escolha, a apenas alguns metros de distância da Madre, tomar pequenos goles de uma xícara de café vazia para ocultar qualquer reação. Somente ela poderia dar tal bronca pública sem causar controvérsias porque não tinha um pingo de malícia. Cada palavra que falou foi dita com amor. O café da manhã foi a primeira vez que se encontrou com os Clintons, e teve uma conversa particular com eles depois do discurso. Quando perguntei mais tarde como tinha sido o encontro, ela apenas disse: "Precisamos rezar pela sra. Clinton". A Madre, com frequência, comunicava mais mediante o que escolhia não dizer.

Por mais séria que normalmente fosse, seu sorriso, sua marca registrada, sempre estava por perto e ajudava em tais situações. Sua alegria era notável, dada a vida difícil que escolhera. Era fundamental para seu trabalho e missão. Cada irmã Missionária da Caridade fazia um voto de pobreza, castidade, obediência e serviço sincero e gratuito para os mais pobres. Os documentos fundacionais escritos pela Madre enfatizam que é esperado de cada MC viver esses votos alegremente. Me lembro de uma palestra que ela deu em São Francisco, em 1989, para um grupo de moças que estavam às vésperas de fazer seus primeiros votos. A Madre foi chocantemente franca: "Se você não pode ser alegre com os pobres, vá embora agora. Vá para casa". Ela disse que os pobres tinham problemas suficientes sem um "ajudante" os puxando ainda mais para baixo. Ela imitou uma freira com a cara fechada, cabeça baixa, andando desanimada. Todas as mulheres riram, mas entenderam sua mensagem.

Os pontos fortes da Madre como uma líder a tornavam admirável, mas suas fraquezas a tornavam absolutamente adorável. Todos sabiam que ela era uma formiguinha. Certa vez, olhando o caderno que manteve enquanto estudava com as Irmãs da Missão Médica, em 1948, encontrei receitas manuscritas de brownies, sorvete de chocolate e biscoitos escondidas no final. Durante os primeiros anos da MC, ela compartilhava tais guloseimas apenas em ocasiões especiais, como Natal, Páscoa e alguns dias de festa, cumprindo estritamente seu voto de pobreza e dando um bom exemplo às outras. Foi apenas quando envelheceu que se permitiu esses pequenos prazeres com mais frequência. E suas irmãs a mimavam sempre que podiam.

Ela amava tudo de chocolate – sorvete e balas em especial. Após sua morte, sua amiga Sunita Kumar descobriu chocolates Cadbury escondidos na gaveta da escrivaninha da Madre. Mas ela nunca comia os doces sozinha. Havia um compartilhamento secreto. Certa vez estávamos viajando em um pequeno avião, e, depois de terminar suas orações, ela ofereceu a nós cinco o doce que tinha guardado na bolsa. Ela só comeria se todos nós também comêssemos. Em um passeio noturno de van em Los Angeles, ela distribuiu biscoitos para nós e para si, dois de cada vez – duas vezes. Houve outra vez, no almoço, quando a vi quebrar um biscoito em vários pedaços e saborear cada mordida. Se soubesse que uma irmã gostava de doces, ela lhe daria um pouco. Certa vez ela foi observada brincando com uma irmã: "Tome esse sorvete. Vou tomar conta para que ninguém veja".

Ela amava presentear. Uma vez me deu sete medalhas abençoadas em Lourdes, dizendo: "Realmente, eu mimo você!". Ao longo dos anos em que a conheci, a Madre tinha o hábito de dar pertences que lhes eram preciosos, como seu livro pessoal de oração, o crucifixo que usava no pescoço, seu rosário e itens religiosos que amava. Certa vez, quando eu a estava deixando de carro no aeroporto, o rosário da Madre ficou preso no cinto de segurança e o crucifixo caiu. Quando eu estava indo embora, ela me chamou: "Toma, agora é seu", disse, colocando o crucifixo na minha mão. Destacou pequenas representações das estações da Via Sacra gravadas na parte de trás, que disse que a tinham muitas vezes guiado em suas meditações. Foi uma lembrança incrível. Depois que fui embora, se virou para a amiga que estava viajando com ela e disse: "Foi uma boa coisa o que acabei de fazer". Ela sentia o brilho e a alegria em dar. Se deleitava em entregar tais bens estimados. Conhecia a influência libertadora do desapego e frequentemente exortava suas irmãs: "Não deixem nada e ninguém separar vocês do amor de Cristo".

Por mais surpreendente que Madre Teresa fosse para todos nós que a conhecíamos, tinha suas falhas. Não é um serviço à sua memória fingir o oposto; seu sucesso em superar suas falhas a torna ainda mais admirável. Uma mulher de ação, era notoriamente impaciente. "Reuniões têm um efeito terrível e doentio em mim", escreveu a um padre. "É um verdadeiro sacrifício." "Às vezes, uso voz rápida e áspera ao corrigir as irmãs. Mesmo com as pessoas de fora tenho sido impaciente algumas vezes", admitiu em outra carta. Sua impaciência fazia conjunto com uma formidável teimosia. Essas duas características são, talvez, necessidades para o caminho de purificação de um santo.

Elas também podem tê-la ajudado a manter um certo desapego de seus sacrifícios terrenos. Em abril de 1942, ela fez um voto particular a Deus de "não recusar nada a Ele", e uma das coisas que sacrificou de bom grado por seu trabalho foi seu corpo. Sua experiência de "amar até doer, dar-se até doer" incluiu uma clavícula quebrada, uma perna quebrada, uma fratura no ombro e três costelas fraturadas em Roma, uma fratura exposta no braço esquerdo (incluindo uma protusão do osso) após cair da cama, dezenove pontos na cabeça por causa de um acidente de carro em Darjeeling e dois pontos depois de ter sido mordida por um cachorro em Delhi – seguidos de uma série de injeções dolorosas para prevenir raiva. A Madre sofreu silenciosamente com dúzias de surtos de malária, várias rodadas de pneumonia, tuberculose, cinco infartos, um derrame e duas cirurgias de marca-passo. Precisou ser ressuscitada, pelo menos, em dez ocasiões depois que seu coração parou de bater e foi colocada em respirador mecânico diversas vezes. Ela tinha os pés deformados por causa de uma vida de uso de sandálias doadas que não eram de seu tamanho e dores nas costas incapacitantes que a atormentaram em seus meses finais. Ela acreditava que "o sofrimento pode se tornar um meio para um maior amor e uma maior generosidade" e escolheu livremente uma vida de penitência.

Sua obstinação também potencializava sua eficácia em lidar com problemas mundanos. Por exemplo, quando eu estava em Tijuana, a Madre foi inspecionar as obras quase concluídas do seminário dos Padres MC. O concreto já havia sido despejado nas vigas, as paredes tinham sido erguidas, as janelas estavam instaladas e o telhado fora firmemente colocado no lugar. A única coisa que faltava era a pintura. O arquiteto e alguns executivos da construtora orgulhosamente levaram a Madre e alguns padres para um passeio pelas instalações, enquanto eu a acompanhava. Ficou evidente desde o início que ela não estava satisfeita com o trabalho. "Estas salas estão muito escuras", disse ao grupo. Eles se desculparam, mas destacaram que as plantas arquitetônicas acordadas por todas as partes tinham sido rigorosamente seguidas e insistiram que nada mais poderia ser feito. Essa não era uma resposta aceitável para a Madre: "Os padres precisarão de mais luz e ar aqui. Tenho certeza de que há alguma coisa que vocês possam fazer".

Eles voltaram para a prancheta e retornaram com uma solução que a satisfez: suspenderam o telhado com um enorme guindaste, acrescentaram uma série de janelas e telas ao longo do topo de todas as paredes, depois baixaram novamente o telhado e o selaram. Quando o seminário foi inaugurado no fim de 1989 e os homens se mudaram, ficaram agradecidos pela persistência da Madre.

Tal teimosia certa vez lhe rendeu uma bronca bem-humorada do Cardeal John O'Connor, arcebispo de Nova York. Ele era um amigo querido e alguém em quem ela confiava. Em maio de 1997, a Madre estava se preparando para embarcar no que esperava ser sua última viagem aos Estados Unidos. A dra. Patricia Aubanel, uma de suas cardiologistas, pediu ao Cardeal O'Connor que tentasse convencê-la de que a viagem era perigosa demais. Ele telefonou para a Madre, em Roma, a primeira parada da viagem, e insistiu para que não continuasse até a América. Educadamente, a Madre aceitou seu conselho e, prontamente, o ignorou.

Ela estava em péssimas condições quando chegou ao convento das MCs no Bronx. As dores nas costas estavam tão incapacitantes que ela ficou confinada à cama. Mas o Cardeal O'Connor estava celebrando a missa na capela do convento na manhã seguinte, e a Madre insistiu em comparecer. Precisou ser levada na cadeira de rodas, e seu amigo começou a homilia debatendo os votos individuais dela como freira. "Madre Teresa, voto de pobreza? Perfeito. Madre Teresa, voto de castidade? Perfeito. Madre Teresa, voto de caridade? Perfeito. Madre Teresa, voto de obediência? Nunca ouvi falar." As irmãs na capela uivaram de alegria. A própria Madre riu tanto que balançou a cadeira de rodas.

A Madre era uma paciente famosa por não cooperar. Dra. Aubanel me disse, meio brincando: "Ela foi a pior paciente que já tive. Eu não podia lhe dizer nada". E a Madre ficou ainda menos cooperativa com a idade. Quando estava no hospital em 1989, cinco dias após seu segundo infarto, um médico lhe perguntou se estava comendo. Com um brilho nos olhos, respondeu: "Uma maçã. Uma maçã por dia mantém o médico longe".

Quando decidia deixar o hospital, não havia como detê-la. Certa vez, saiu de um hospital em Roma com três costelas fraturadas por causa de uma queda, tão determinada que estava em comparecer a uma cerimônia na qual novas irmãs fariam seus votos. Em 1996, ano anterior à sua morte, voltou para o convento-sede em Calcutá, depois de uma estadia na UTI, e recusou terminantemente os pedidos das irmãs de carregá-la na cadeira de rodas escada acima. Em vez disso, ela se levantou e, lentamente, subiu os 26 degraus segurando no corrimão. Quando chegou lá em cima, se virou para as irmãs que estavam nervosas, reunidas ao pé da escada, e levantou o punho, triunfante.

Dr. Lawrence Kline, um pneumologista de San Diego que conheceu a Madre em dezembro de 1990 quando foi internada na Clínica Scripps, com pneumonia, certa vez tentou que Madre Teresa fizesse um exame de pulmão em um equipamento de última geração. Quando ela negou, ele pressionou: "Não acha que Deus a trouxe aqui e que Ele ficaria feliz que você fizesse esse exame?". Ela respondeu: "Não coloque Deus nisso".

A Madre podia escapar de quase tudo brincando, em especial quando não estava mais no comando. Irmã Nirmala, uma hindu convertida de uma rica família nepalesa, e a septuagésima quinta mulher a se juntar à Madre, foi eleita sua sucessora em março de 1997. Em poucos meses, a Madre estava acamada com problemas de coração e duas irmãs supervisionavam seus cuidados: Irmã Shanti (médica) e Irmã Luke (a enfermeira que administrava Kalighat). Elas imploraram à Madre que ficasse na sede. Mas ela queria receber Irmã Nirmala no aeroporto de Calcutá, no retorno de sua primeira viagem como superiora-geral das Missionárias da Caridade, e convenceu outra irmã a levá-la escondida de carro. Irmã Luke e Irmã Shanti a seguiram em outro carro, levando equipamentos e suprimentos médicos para o caso de alguma emergência. Quando a Madre viu Irmã Luke e Irmã Shanti no aeroporto, sorriu e disse maliciosamente: "Bem, olá! Que bom ver vocês aqui!".

Nunca ouvi a Madre falar de maneira depreciativa de ou para alguém. Mas isso não significa que não ficasse zangada de vez em quando, ou que não corrigiria você de modo áspero. Quanto melhor ela conhecia uma pessoa, mais direta era a advertência. Eu estava sentado ao lado da Madre durante uma missa no México assistida por milhares, e, quando o padre convidou os fiéis a oferecerem um sinal de paz, um pequeno grupo de crianças correu em nossa direção. Quando tentei bloqueá-las, a Madre mandou um "Deixe que venham!" e me deu um olhar que deveria ter me transformado numa estátua de sal.

Eventualmente, ela levantava a voz, e diversas irmãs têm histórias para contar. Irmã Nirmala Maria, uma enfermeira de ascendência irlandesa que, como a Madre, começou a vida religiosa com as irmãs Loreto, sabia quão frágil eram as costas da Madre, e uma vez a viu se curvando para fechar as sandálias. Ela implorou: "Por favor, não faça isso. É ruim para as suas costas". A Madre respondeu na hora: "Não fale com a Madre dessa forma!". Em outra ocasião, as irmãs do Bronx queriam que ela, então com mais de oitenta anos, dormisse um pouco mais. Então adiantaram os relógios em uma hora, de modo que a Madre, obstinada em manter a agenda da comunidade, achasse que estava indo para a cama na hora. Depois que ela se deitou, as irmãs se reuniram secretamente em outro ambiente, no escuro, para planejar a agenda do dia seguinte. A Madre as flagrou: "O que estão fazendo acordadas? Deveriam estar na cama!". Uma irmã ficou tão assustada com a bronca que correu para o quarto.

Inevitavelmente, a Madre também teve discordâncias com os mais próximos a ela. Uma vez se viu em desavença com Irmão Andrew, o chefe dos Irmãos MC, escolhido a dedo. "Somos tão diferentes", Madre Teresa comentou na época, "mas temos a mesma mentalidade." No entanto, nem sempre tiveram a mesma mentalidade. Ele resistiu às exigências dela de que os irmãos reproduzissem de forma idêntica o estilo de vida de pobreza que as irmãs abraçavam. Ela queria uniformidade, e ele queria que os irmãos fossem mais independentes. Por exemplo, ocasionalmente ele permitia que os homens dormissem na cobertura para fugir dos dormitórios sufocantes. A Madre não permitia essa "luxúria" para suas irmãs e se opôs. Eles tinham marcado uma reunião para debater a questão antes da missa da Quinta-feira Santa dos irmãos, à qual ela deveria comparecer. Irmão Andrew não cedeu: "Os irmãos têm que decidir isso sozinhos, ou eu volto para os Jesuítas". Ela não gostou do ultimato e imediatamente saiu, comparecendo à liturgia sagrada na sede do convento.

Três dias mais tarde, na Páscoa, a Madre voltou à casa dos irmãos e disse ao Irmão Andrew que os homens poderiam decidir tais questões sozinhos. "Aquilo foi grandioso da Madre", mais tarde observou Irmão Andrew. Estabeleceram uma dinâmica de respeito mútuo: "Ela me deu total liberdade, mesmo quando discordava de mim. Mas é preciso dizer que ela podia ficar incomodada e irritada – e demonstrar isso".

Se podia ficar zangada, ela era sempre rápida em se desculpar ou perdoar. Compaixão era sua maior característica – e sua principal resposta ao chamado de Cristo. "Sejam gentis umas com as outras", exortava suas irmãs. "Prefiro que cometam erros com delicadeza, do que façam milagres com grosseria." Essa gentileza de espírito fluía de seu coração misericordioso.

Papa Francisco, embora a tenha encontrado apenas uma vez, em 1994, reconheceu isso. Para o calendário litúrgico 2015-2016, ele instituiu entre os fiéis católicos um "Ano de Misericórdia" mundial, que terminou, triunfantemente, com a canonização dela. Na ocasião, ele a chamou de "incansável trabalhadora da misericórdia" e comentou: "Para Madre Teresa, misericórdia era o 'sal' que temperava seu trabalho".

Ele não foi o único a chegar a essa conclusão. Nos anos após a morte de Madre Teresa, negócios das MCs e viagens missionárias com estudantes me levaram a Calcutá por dezesseis vezes. Em cada viagem, busquei as irmãs sobreviventes do grupo original, que foram pioneiras das Missionárias da Caridade. Essas mulheres pareciam veteranas de uma antiga guerra, sobreviventes do maior combate espiritual. Eu queria saber como fora conviver de perto com Madre Teresa durante aqueles extraordinários anos no fim dos anos 1940 e início dos anos 1950. Cada uma das nove irmãs com quem falei mencionou, com carinho e admiração, sua capacidade de perdoar. Irmã Monica, que entrou em 1952, me disse que "seu perdão" era a maior qualidade da Madre: "A Madre sempre perdoou muito generosamente". Irmã Margaret Mary, a 11ª mulher a se juntar ao grupo, relatou como ela certa vez cometeu um erro de julgamento ao aceitar um presente que ia contra seu voto de pobreza. A Madre a segurou pelos ombros enquanto a corrigia, mas, assim que terminou, nunca mais mencionou o fato.

Irmãs que conheceram a Madre mais tarde ecoaram esses sentimentos. Irmã Nirmala admirava sua capacidade de perdoar: "Ela sempre dava mais uma chance àqueles que a queriam, enquanto houvesse esperança". Irmã Mangala, uma MC que conhecia a Madre havia mais de 25 anos, me disse: "O que eu mais gostava na Madre era como ela perdoava e esquecia". Irmã Prema, que se juntou às MCs em 1980 e substituiria Irmã Nirmala como líder, se lembrava da Madre dizendo: "Seu eu julgar você, não tenho tempo para amar você". "Misericórdia", ela disse, "se tornou a segunda natureza da Madre, e toda a sua postura era se colocar no lugar do outro, amando-o e aceitando-o como é."

A Madre não apenas distribuía misericórdia, ela a buscava. Rotineiramente pedia perdão a Deus e a quem ela tivesse ofendido. "Madre ficava na fila da confissão, paciente e humildemente, toda semana, como qualquer pessoa, para receber a misericórdia de Deus", relembra Irmã Nirmala. Ela também buscou sua absolvição de outras pessoas: em uma disputa particular com amigos sobre uma questão de negócios na qual eu aconselhei a Madre, vi uma carta que ela escreveu para as partes na qual pedia perdão pela forma como tinha falado e pela mágoa que involuntariamente tinha causado. Ela seguiu expressando seu amor por eles e concluiu com um segundo pedido de perdão.

Uma vez eu ousei corrigir a Madre. Ela tinha escrito uma carta ao presidente Clinton e pediu a um empresário indiano, que estava viajando para os Estados Unidos, que a levasse à Casa Branca, em vez de enviá-la pelos canais habituais da MC. Quando descobri, telefonei para ela em Calcutá e falei de minhas preocupações sobre o envio aleatório de uma comunicação altamente sensível. Ela não hesitou em se desculpar: "Ah, eu não devia ter feito isso. Estava errada. Não vou fazer novamente". Nós dois começamos a rir. É difícil saber o que era mais ridículo: o arrependimento dela, ou meu papel como seu confessor.

Capítulo 9

Uma cristã alegre

"O milagre não é fazermos esse trabalho, mas estarmos alegres em fazê-lo."
– Madre Teresa

Madre Teresa achava que "alegria é a rede com a qual capturamos almas". Ela sabia que uma fé baseada em medo, vergonha ou pecado não tem alegria. Religião não deveria ser um veículo para dar vazão à raiva, para julgar os outros e para nutrir justiça própria. Muitos cristãos, ela sabia, olhavam com desprezo para seus semelhantes, como se estivessem dizendo: "Estou certo e você está errado. Conheço a verdade e você não. Vou para o céu e você não vai".

Ninguém pode duvidar da seriedade das crenças da Madre. Ela sabia muito bem que havia um final feliz em nossos dias terrenos e que a promessa divina de vida eterna era confiável. Mas não era uma cristã austera. Seu sorriso era leve. E amava rir, quase sempre de si mesma. A Madre sabia a importância do riso em meio ao sofrimento. Momentos inesperados de alegria, para ela, eram lembretes de que a fidelidade de Deus tinha a última palavra, não a nossa própria imperfeição.

São Paulo escreveu: *Alegrai-vos com os que se alegram; chorai com os que choram. Vivei em boa harmonia uns com os outros. Não vos deixeis levar pelo gosto das grandezas; afeiçoai-vos com as coisas modestas. Não sejais sábios aos vossos próprios olhos*. Essa era a Madre. Ela não deixou que a devastadora pobreza e miséria implacável em Calcutá – ou em qualquer outro lugar onde abriu uma missão – a privasse de sua alegria do Evangelho. Sua fé inabalável lhe dizia que o sofrimento não tinha a palavra final. E seu belo coração humano sabia que ela e suas irmãs precisavam rir e se divertir como parte de uma vida equilibrada. Sem tais momentos de alegria e liberação, as dificuldades que enfrentavam provavelmente as teriam oprimido.

Ela era cheia de piadas que divertiam seus amigos e aliviavam a carga de suas irmãs. Quando uma amiga lhe disse que não poderia buscá-la porque estava com febre, a Madre respondeu: "Também tive febre, mas é melhor queimar neste mundo do que no próximo". Em um posto de fronteira entrando em Gaza, os guardas lhe perguntaram se estava levando alguma arma. Ela respondeu: "Ah, sim... meu livro de orações". Uma de suas primeiras seguidoras, Irmã Camillus, me contou a história de como a Madre reagiu quando viu uma moça usando uma minissaia. Quando a mulher já não podia mais ouvi-la, Madre disse à uma irmã que fosse comprar um vestido apropriado porque a moça devia ser tão pobre que não podia comprar tecido.

A Madre tinha um dom de saber quando ser séria e quando descontrair. Acho que seu senso de humor amadureceu juntamente com seu relacionamento com Jesus. Ele, também, podia apreciar uma piada na hora certa – afinal, Ele fez Pedro pagar o imposto do templo com uma moeda saída da boca de um peixe.

Da mesma forma, o senso de humor e a humildade da Madre a protegiam, permitindo que ela se mantivesse uma espectadora da própria fama. Quando o livro *Algo de belo para Deus*, de Malcolm Muggeridge, foi publicado em 1971, ele e a Madre deram, juntos, uma série de entrevistas para a TV e a imprensa. No carro, entre um evento e outro, Muggeridge estava folheando o *New York Times* quando ela viu um anúncio do livro mostrando uma grande foto sua. Então ela comentou ironicamente: "Olha ela aí".

Ela se divertia com a própria reputação de santidade. Sandy McMurtrie estava, certa vez, em um carro com Madre Teresa e Irmã Priscilla, uma das conselheiras em quem a Madre mais confiava, quando a discussão começou a incomodar Irmã Priscilla. A Madre deu um tapinha em Sandy e disse: "Viver com os santos no céu é paz e glória; viver com um santo na terra é outra história". A Madre riu muito de sua própria piada. Irmã Priscilla não achou graça.

Certa vez, estávamos cruzando a fronteira para os Estados Unidos, no caminho de Tijuana para o aeroporto Brown Field, em San Diego, onde a Madre estava agendada para viajar em um pequeno avião. Após ver a Madre pela janela e olhar seu passaporte diplomático indiano, a funcionária da imigração colocou um cartão vermelho sob o meu limpador de para-brisa e ordenou uma "segunda inspeção". Pessoas suspeitas eram levadas para essa área restrita, onde ficavam detidas temporariamente enquanto seus veículos eram inspecionados em busca de coisas ilegais. Eu fiquei pasmo. Será que ela achava que Madre Teresa estava levando contrabando para a América? Jan Petrie, que viajava frequentemente com a Madre, brincou: "Os soviéticos tratam a Madre melhor do que os americanos".

Eu estava ficando cada vez mais irritado à medida que os agentes antidrogas começaram a inspecionar nossa van. Morto de vergonha por meu próprio país estar tratando a Madre como um suspeito criminoso, invadi o escritório do supervisor e informei em voz alta ao funcionário responsável que sua equipe tinha enviado Madre Teresa de Calcutá para uma inspeção secundária. Ele empalideceu, pulou da mesa e correu para a área onde ela estava detida. A essa altura, a Madre estava do lado de fora da van, distribuindo medalhas consagradas para a multidão de americanos e mexicanos que a cercava. O supervisor pediu muitas desculpas e nos liberou. Em meio a tudo isso, a Madre parecia estar achando graça, e não ofendida pelo incidente. Ela simplesmente deu de ombros e disse: "Deus devia querer que eu encontrasse alguém lá".

Com a Madre, havia um momento para ser séria e um momento para rir. Em 1989, ela foi a Phoenix para uma reunião de oração com 15 mil pessoas, da qual participou a governadora do Arizona, Rose Mofford. Eu devia pegar a Madre em seu retorno para Tijuana no dia seguinte, então telefonei para o convento naquela noite para obter as informações sobre seu voo. Para minha surpresa, a própria Madre atendeu ao telefone. Quando perguntei como tinha sido o evento, ela disse: "Acabamos de chegar. Tinha muita gente lá para uma hora de oração. Pedi à senhora do governo, na frente de todas aquelas pessoas, que me desse uma casa. Disse que, se não desse, eu teria que levar os pobres para a casa dela". Então acrescentou com um tom travesso: "A Madre não devia ter feito isso".

Madre costumava usar piadas para, gentilmente, cutucar pessoas a fazerem o que ela queria. Irmã Nirmala lembrou-se de um desses momentos.

Ela liderou a primeira expedição das Missionárias da Caridade fora da Índia, uma missão para a Venezuela, em 1965. "Na Venezuela, motoristas eram muito caros", relembra. "Madre me escreveu: 'Quero que você aprenda a dirigir'. Fiquei apavorada. Achava que não seria capaz de controlar o carro. Ele iria rodar de um lado para o outro e causar um acidente. É que alguns dias antes, pela primeira vez, eu tinha me sentado atrás do volante com o padre de nossa paróquia. Carro grande, e, com nosso padre ao lado, joguei o carro para fora da estrada e o arrastei contra um prédio".

Apavorada por essa experiência, Irmã Nirmala escreveu à Madre implorando para ser dispensada de aprender a dirigir. "A Madre respondeu imediatamente, escrevendo de Calcutá: 'Irmã, Nossa Senhora conduziu um jumento para levar Jesus. Quero que você dirija um carro para levar Jesus aos mais pobres'. Aquilo foi o suficiente. Aprendi a dirigir", Nirmala contou, rindo da lembrança. Ela também me contou de uma vez que levou Madre Teresa de carro a um piquenique na costa caribenha e da tarde alegre que as irmãs tiveram. "Lá, Madre relaxou conosco e jogamos um jogo de tabuleiro, Ludo. E ela riu muito."

Madre Teresa podia ser absolutamente brincalhona às vezes com suas irmãs. Durante uma celebração de aniversário de uma das freiras, o sorvete de chocolate estava tão congelado que era impossível servi-lo. Madre, a essa altura já com oitenta anos, disse a uma das irmãs para ir buscar um martelo. Para deleite das irmãs, ela martelou o sorvete bem ali, sobre a mesa de jantar comunitária em Calcutá, cortando porções de sorvete para as irmãs tomarem.

Irmã Marelda, uma irmã MC que conheci em Calcutá em 2017, me contou uma história de anos antes. Certo dia, quando ela estava limpando o escritório da sede enquanto a Madre trabalhava, chegou uma grande caixa. Dentro, havia uma estátua de Madre Teresa sentada, numa postura de oração meditativa. A Madre tirou a estátua da caixa e deu vários tapas nela, dizendo: "Acorda! Acorda! Por que está dormindo?". Depois, colocou a estátua de volta na caixa e a guardou sob uma escada, onde permaneceu até depois de sua morte. (A estátua, por fim, foi exposta na capela, no lugar onde Madre costumava sentar-se.)

Ela podia ser bem marota com suas irmãs. Quando estava hospitalizada na Califórnia, em 1991, admiradores lhe enviaram uma série de presentes de melhoras. Com seu pneumologista, dr. Kline, e algumas irmãs no quarto, ela abriu uma caixa em que havia uma camisola de babados. Levantou a lingerie com um lápis, dizendo: "Olha, que linda!". As irmãs e o médico riram. Quando encontrou duas peças de roupas íntimas combinando no fundo da caixa, exclamou: "Ah, e tem mais!". Muitas risadas podiam ser ouvidas pelo corredor.

Eu mesmo testemunhei sua brincadeira se tornar involuntariamente metafórica. Estávamos nos arredores de Tijuana, procurando um lugar em potencial para um novo seminário para os Padres MC, e nos reunimos para uma oração na propriedade. Padre Joseph rezava em voz alta, quando um filhote de cascavel deslizou por trás da Madre. Não quis interromper a oração, então decidi não dizer nada, a menos que a cascavel se aproximasse. Assim que Padre Joseph terminou, eu disse com firmeza: "Madre, por favor, não se vire. Ande para a frente. Tem uma cascavel bem atrás de você". Em vez disso, ela se virou, viu a cascavel e então se abaixou e balançou o dedo para ela. "Ah, veja esses olhos! Tão grandes! Uau!" Quem dera Eva tivesse feito o mesmo!

Seu gerenciamento sensato e responsável de situações grandes e pequenas estava entrelaçado com sua total confiança em Deus. Costumava orar antecipadamente dando graças por algo que estava prestes a pedir à divina providência. Às vezes, se sua oração não fosse respondida de imediato, ela parava e dizia às irmãs: "Bem, não queremos ir mais rápido do que Jesus". E, se seu pedido não fosse atendido, comentava: "Se Jesus não quer, então não queremos".

Quando os problemas eram realmente insolúveis, ela sabia como usar o humor para aliviar a ansiedade. Madre Teresa passou seis semanas em Amã, na Jordânia, no fim do verão de 1970, para ajudar a estabelecer uma nova missão de atendimento a crianças deficientes. Quase imediatamente após sua partida, as batalhas do Setembro Negro eclodiram entre o exército jordaniano e a OLP. As irmãs confundiram os sons de bombas e tiros com fogos de artifício, achando que seriam uma celebração local, como o festival de luzes *Hindi Diwali*. Em uma semana, a luta chegou tão perto de seu pequeno convento que as explosões sacudiram as paredes. Uma casa, numa montanha próxima, foi bombardeada e completamente destruída.

Um dia, um grupo de homens armados vasculharam o convento procurando inimigos e munição. Eles logo foram embora, mas as mulheres ficaram abaladas. A luta se aproximou e as janelas das paredes externas do prédio foram estilhaçadas pelas explosões da artilharia pesada. As irmãs e o pequeno grupo de crianças abrigadas se encolheram nos corredores internos. À noite, helicópteros voavam pela vizinhança procurando combatentes. Foi um momento angustiante para as irmãs e seus vizinhos.

Quando as freiras finalmente conseguiram chegar a um telefone, ligaram para Madre Teresa. "Me falaram sobre a violência e queriam saber se deveriam ficar. As ouvi e conversamos sobre o assunto", contou mais tarde. "Estavam dispostas a permanecer lá", e então ela disse: "Me liguem quando estiverem mortas". Foi o tipo de momento de leviandade que só poderia ter vindo dela. As irmãs riram. Apenas ouvir a voz da Madre era toda a segurança de que precisavam, e a brincadeira as ajudou a relaxar. As irmãs voltaram para rezar e, logo depois disso, quando a luta cessou, foram fundamentais em levar alimentos e medicamentos para os doentes e feridos.

Jesus era descontraído com Seus seguidores, mesmo em tempos de dificuldades. Três dias após a crucificação, Ele abordou dois seguidores angustiados na estrada para Emaús, que não o reconheceram, e perguntou sobre o que estavam discutindo. Eles mal podiam acreditar que alguém não soubesse o que havia acontecido em Jerusalém, e Jesus, inocentemente, perguntou, "Que coisas?", como se tivesse estado em outro lugar. O toque gentil de Jesus em responder à ansiedade ou ao desânimo daqueles próximos a Ele era um modelo para Madre Teresa ao conduzir suas irmãs por meio de suas próprias provações.

Sua prontidão para rir aumentou com a idade. Ela parecia perceber que, à medida que você envelhece, é importante não se levar muito a sério. Esse princípio foi testado no último ano de sua vida graças a uma história pouco lisonjeira da mídia internacional: o fiasco pão de canela "NunBun".

Soube da história em janeiro de 1997, quando as Missionárias da Caridade em Calcutá me enviaram um fax com a primeira página de um jornal local que trazia uma história com o título "Pão de Canela é um milagre?". Um funcionário da cafeteria Bongo Java, em Nashville, Tennessee, sem querer, tinha assado um pão de canela que tinha "uma semelhança impressionante" com Madre Teresa. O dono da loja, Bob Bernstein, aproveitou a oportunidade para fazer publicidade, e a Bongo Java começou a vender camisetas do "Pão de Canela milagroso", marcadores de livros "Viciado em pãozinho" e cartões de oração, todos com o apelido de "Imaculado Confeito". Eles também tinham o "Café Mistura Especial Madre Teresa" e canecas de café com a imagem do pão de canela, o NunBun.

O original tinha sido envernizado para preservação, colocado numa vitrine especial de vidro e enviado em turnê pelas lojas da região. Jay Leno fez piada sobre o NunBun no *The Tonight Show*, e David Letterman fez o mesmo no *Late Night*.

Tudo isso foi divertido, mas, como advogado, também representava uma invasão da privacidade do meu cliente. Não acreditava que Bongo Java tivesse o direito de se apropriar da imagem de Madre Teresa para fins comerciais e, julgando pela atenção da mídia que o NunBun estava atraindo, estava claro que os proprietários tinham a intenção de lucrar. Escrevi uma carta de desistência, para a qual a resposta foi a oferta de uma doação para as MCs. Depois de relatar a Calcutá que Bernstein não pararia de vender produtos NunBun, Madre Teresa escreveu para ele. Começou: "Estou escrevendo para pedir que pare de vender produtos com a minha imagem. Sempre recusei permissão para o uso de minha imagem em empreendimentos comerciais". Depois de explicar que não aceitaria qualquer porção das vendas de produtos NunBun, ela concluiu: "Meu advogado, sr. Jim Towey, escreveu pedindo que parasse. E agora estou, pessoalmente, pedindo que pare. Sei que você não fez nada de má vontade e, portanto, confio que entenderá e respeitará a minha vontade".

A carta de Madre Teresa mal tinha chegado às mãos de Bernstein e já tinha sido vazada para o jornal local de Nashville, que a reproduziu na íntegra: "Pare de vender 'NunBun,' pede Madre Teresa". A *Associated Press* publicou uma história com o título "Madre Teresa acha 'NunBun' de mau gosto". O *Washington Post* não foi diferente: "Espectro NunBun de Madre Teresa Lucra". A *Time* publicou uma história com o título "Madre Teresa endurece", que terminava com a ameaça enigmática: "O advogado de Madre Teresa, Jim Towey, pretende fazer algo a respeito".

No final, contudo, eu não fiz. Uma ação legal apenas atrairia mais atenção à história e aumentaria as receitas da Bongo Java. Achei melhor fechar um acordo, permitindo que a loja vendesse alguns itens no balcão, desde que não usassem o nome da Madre ou comercializassem o "Imaculado Confeito" – e sem mais anúncios na internet.

Tive que apresentar esse acordo para a Madre durante sua visita a Nova York, em junho de 1997, mas temia trazer o assunto à tona. Como eu iria lembrá-la de que as pessoas achavam que um pãozinho de canela se parecia com ela? Sabia que a Madre não era nem um pouco vaidosa, mas que mulher quer ouvir que o mundo acha que ela se parece com uma massa folhada?

Depois de iniciar nossa reunião com uma série de pendências legais e empresariais, voltei-me para a questão do NunBun. "Madre, detesto trazer esse assunto à tona, mas passei os últimos cinco meses tentando resolver a questão do uso indevido de sua imagem." Ela estava sentada em sua cadeira de rodas, e Irmã Nirmala, recém-eleita sua sucessora, estava de pé à sua direita, ligeiramente divertida ao reconhecer o assunto sob discussão.

"Madre, se lembra da cafeteria nos Estados Unidos, para a qual você escreveu uma carta pedindo que parassem de vender camisetas do 'Pão de Canela milagroso', que tinha uma imagem de um pão de canela que achavam que parecia com você?" Me encolhi ao dizer essas últimas palavras.

Madre Teresa fazia que sim com a cabeça, em reconhecimento, quando um sorriso se abriu em seu rosto. Então me interrompeu e disse: "Irmã Nirmala agora é a superiora. Peça que coloquem o rosto dela na camiseta".

Madre faleceu antes de o acordo ser finalizado, então, por fim, o processo não interessava. Sem a Madre, o truque do NunBun não era mais engraçado ou interessante. Deus interveio e resolveu a questão.

Capítulo 10

No palácio

"Jamais busque a estima do mundano."
– Madre Teresa

Em seu discurso nas Nações Unidas, em 1985, Madre Teresa disse a um salão cheio de dignatários: "Se Jesus colocar você em um palácio, seja tudo por Jesus no palácio". É uma observação que guiou minha vida, e a Madre praticava o que pregava. Ela preferia as favelas de Calcutá, mas, com frequência, serviu como emissária de Deus no palácio – às vezes, tendo que ir, literalmente, a um palácio.

A Madre sofria consideravelmente com essa parte de seu chamado, e mais ainda quando se tornou uma celebridade global. Ela era pequena e, ao longo dos anos em que a conheci, cada vez mais frágil. Não gostava de ser abraçada por estranhos e, com frequência, me pedia que dissesse às pessoas ao seu redor para não puxá-la ou beijá-la. As multidões que se juntavam ao seu redor aonde quer que fosse pareciam sufocantes. Ela descreveu uma visita à Filadélfia, em 1976, com enxames de pessoas a pressionando, como dias "cheios de sacrifício... comecei a entender as estações da Via-Sacra com um significado mais profundo. A polícia, as multidões, tudo parecia como se o Calvário [estivesse] sendo reencenado hoje novamente". No entanto, reconhecia o bem que isso fazia para as MCs e para os pobres. "Essa celebridade me foi imposta", disse certa vez. "Eu a uso por amor de Jesus. A imprensa conscientiza as pessoas sobre os pobres, e isso vale qualquer sacrifício de minha parte."

Durante os doze anos em que convivi com a Madre, suas viagens missionárias rivalizaram com as de Paulo de Tarso nos tempos apostólicos. Seu lar era Calcutá, mas, a menos que estivesse hospitalizada ou se recuperando, raramente permanecia em um lugar por muito tempo. A cada dezembro e maio, rotineiramente, participava de cerimônias onde suas irmãs faziam os votos, e isso significava viajar para Roma, Washington, São Francisco e outros lugares. Entre 1985 e sua morte, em 1997, o número de Missionárias da Caridade aumentou em dois terços – cerca de 4 mil –, o que permitiu que abrisse 300 missões adicionais. A maioria dessas novas missões era fora da Índia e, em 1997, sua rede missionária se estendia por 120 países. A Madre comparecia à abertura desses novos lares sempre que podia, e, conforme sua saúde piorava, as irmãs montavam a agenda de modo a mantê-la longe do convento-sede durante os meses mais quentes em Calcutá.

O Vaticano também exigia muito dela. Ela e o Papa João Paulo II desfrutavam de uma relação especialmente próxima, o que era uma alegria para ambos futuros santos. Ela era dez anos mais velha, mas sempre foi sua fiel seguidora, e ele nunca hesitou em fazê-la usar seu carisma e charme a serviço da Igreja. Fosse no Sínodo dos Bispos, no Congresso Eucarístico, no Dia Mundial da Juventude, ou em celebrações dedicadas a Maria ou à nova evangelização, Madre Teresa ia aonde quer que ele pedisse. Abriu lares em Cuba, Rússia, Beirute, Romênia e em outros lugares onde João Paulo ainda não podia ir – normalmente preparando as bases para uma eventual visita papal. Ela era seu soldado leal, alguém com quem ele podia contar infalivelmente, uma voz fiel ecoando a ortodoxia católica que ele defendia. "Ela incorporou muitos dos temas que ele considerava centrais em seu pontificado – a defesa da vida, a defesa da família, preocupação com os pobres, a dignidade das mulheres, os direitos humanos dos homens e das mulheres mais humildes", escreveu George Weigel, o proeminente biógrafo do papa polonês.

Ela nunca disse não para ele, e seu sim para João Paulo foi além da mera obediência, era algo profundamente pessoal, até maternal. Quando ele foi baleado por um suposto assassino, em maio de 1981, Madre Teresa imediatamente viajou de Calcutá a Roma para visitá-lo no hospital. Um ano depois, quando ele retornou de Portugal após outro atentado contra sua vida, ela estava lá na manhã seguinte para vê-lo.

Havia um afeto verdadeiro entre os dois. Em uma audiência privada, quando ela trouxe sua cardiologista para uma visita de cortesia ao Papa, ele a cumprimentou dizendo "Madre, minha madre!" e se curvou e beijou sua mão. Depois de acompanhá-la numa audiência privada, a amiga da Madre, Sunita Kumar, comentou: "Ele a tratou como se *ela* fosse o papa!".

A influência dela sobre ele era evidente. "O Papa visitou a Índia para exaltar o trabalho de uma grande amiga, cuja encarnação viva do Evangelho de amor ele considerava o melhor método de avançar a proposta cristã em uma cultura profundamente resistente a ela", escreveu Weigel. Logo após o retorno de João Paulo dessa viagem, que incluiu uma visita a Kalighat, ele lhe concedeu o antigo pedido por uma casa dentro dos muros do Vaticano para cuidar dos famintos e dos sem-teto. Weigel descreveu o relacionamento deles como "profundo e intuitivo", lembrando a amizade de outros santos contemporâneos, como Francisco de Assis e Clara, Francisco de Sales e Joana de Chantal, e João da Cruz e Teresa de Ávila. A Madre e João Paulo trabalhavam em conjunto, usando a mídia para ajudar os pobres e espalhar o Evangelho, embora ele se sentisse muito mais confortável sob os holofotes do que ela.

Embora as viagens e aparições públicas em nome do Vaticano e das Missionárias da Caridade fossem difíceis para ela, a Madre raramente reclamava. Aceitava os rigores das viagens internacionais e o brilho da mídia que sua celebridade demandava.

Tennyson escreveu: "Precisamos amar o mais sublime quando o vemos". A Madre personificava isso; todos eram simplesmente atraídos a ela. Em nosso mundo conturbado, as pessoas estavam desesperadas para tocar em algo melhor. Pessoas proeminentes afluíam para a Madre. O ex-boxeador peso pesado, o grande Muhammad Ali, foi às lágrimas depois de conhecê-la. A estrela de cinema Julia Roberts veio visitá-la quando a Madre estava se recuperando de uma enfermidade na Califórnia. A atriz Penélope Cruz passou uma semana em Calcutá, ajudando numa clínica de leprosos das MCs e relatou que, após seu encontro, ficou "impressionada com ela".

Políticos de todo o mundo buscavam sua bênção, assim como ela buscou o auxílio deles para ajudá-la em futuras missões entre os cidadãos mais pobres. Indira Gandhi, a líder do país adotado pela Madre, foi sua amiga por dezesseis anos. Logo após Madre Teresa receber o Prêmio Nobel da Paz, em 1979, Gandhi a agraciou com o *Bharat Ratna*, a mais alta honraria civil da Índia, e lhe concedeu um passe vitalício para viagens gratuitas na Air Índia para ajudá-la a espalhar seu amor e boas obras, dizendo: "Conhecê-la é sentir-se profundamente humilde, sentir o poder da ternura e a força do amor". Essa alta consideração parecia ser mútua. A Madre elogiou a primeira-ministra em uma ocasião por fazer "algo maravilhosamente à semelhança de Cristo" ao receber milhões de refugiados de Bangladesh. Em 1984, Indira Gandhi foi assassinada por membros de sua própria equipe de segurança. No funeral, Madre Teresa orou para que a alma de sua amiga hindu "vivesse em paz para sempre".

Políticos americanos de todas as linhas – de George H. W. Bush a Bill Clinton, Ted Kennedy a Pete Dominici – a tinham em alta conta e pediam para se encontrar com ela sempre que visitava Washington. Bob Dole veio ver a Madre quando concorria à presidência em 1996. Conversaram sobre o desejo dela de levar as Missionárias da Caridade para a China, e ela lhe deu medalhas e sua bênção. Certa vez presenciei um momento particular entre a Madre e a procuradora-geral Janet Reno, durante o qual ela pegou a mão de Janet e, dedo a dedo, contou as palavras que guiaram sua vida: "a mim mesmo que o fizestes".

Ninguém conheceu a Madre e saiu ileso. Ronald Reagan, Hillary Clinton e Diana, Princesa de Gales, não poderiam ser mais diferentes enquanto figuras públicas. Porém, em seus encontros com a Madre, observei conexão e amor genuínos. Cada um encontrou nessa pequena mulher de Calcutá algo raro de ser captado pelas luzes dos holofotes: uma amiga em quem podiam confiar. O amor da Madre iluminou suas vidas e foi um bálsamo para suas almas.

Reagan não perdeu tempo em convidar a Madre para a Casa Branca logo após sua posse, em 1981. As Missionárias da Caridade desfrutavam uma parceria de longa data com o governo dos Estados Unidos, que havia enviado ajuda para a Madre mediante as Nações Unidas e outras organizações não governamentais durante décadas. Madre Teresa contou à sua amiga Eileen Egan, enquanto andavam por Kalighat, em 1957, que "alimentos vindos do povo americano tinham ajudado a trazer aquelas pessoas de volta à vida. A América será abençoada por fazer isso". Em 1979, ela escreveu a Jimmy Carter elogiando a generosidade dos Estados Unidos em fornecer remessas de alimentos para os Catholic Relief Services[8]: "Desde o início do

---

8 Em tradução livre, *Serviços Católicos de Socorro*. (N.T.)

trabalho – seu povo, através do Catholic Relief Services, tem compartilhado a alegria de alimentar o Cristo faminto, vestir o Cristo nu e dar abrigo ao Cristo sem-teto. Em todos esses anos, quase trinta, seu povo sempre presente. Graças a Deus".

Em Reagan, contudo, a Madre encontrou um amigo e muito mais. O presidente, como quase todo mundo, ficou impressionado com a diminuta freira, seis meses mais velha que ele. Seu primeiro encontro aconteceu pouco mais de dois meses depois de ele ter sobrevivido a uma tentativa de assassinato por John Hinckley. A Madre lhe disse que tudo o que tinha sofrido o trouxera para mais perto de Jesus e dos pobres. Muita coisa para uma conversinha rápida! Mais tarde, perguntado pelos repórteres sobre sua conversa com ela, Reagan simplesmente disse: "Eu escutei".

Sua nota de acompanhamento incluiu um alerta ao presidente sobre o perigo de uma guerra nuclear. "A presença de [armas] nucleares no mundo criou medo e desconfiança entre as nações, pois é mais uma arma para destruir a vida humana – a bela presença de Deus no mundo. Assim como o aborto é usado para matar a criança não nascida, essa nova arma se tornará um meio para eliminar os Pobres do Mundo." Reagan certamente respeitava sua pura sinceridade. Ela era seu tipo de atirador certeiro, e a amizade deles se aprofundou ao longo dos anos de sua presidência.

Quando a Madre foi hospitalizada em Roma, em 1983, após seu primeiro infarto, Reagan enviou rosas. Ele e a primeira-dama, Nancy Reagan, se encontraram com a Madre em diversas ocasiões, incluindo duas vezes em 1985. Em junho daquele ano, o presidente concedeu a ela a mais alta honraria civil dos Estados Unidos, a Medalha Presidencial da Liberdade. Depois de entregar-lhe a medalha, ele brincou: "Esta é a primeira vez que entrego a Medalha da Liberdade com a intenção de que o agraciado possa levá-la para casa, derretê-la, vender o ouro e gastar o dinheiro com os pobres". O presidente escreveu de próprio punho em uma foto do evento: "Para Madre Teresa, com grande apreço e o mais caloroso afeto. Cordialmente, Nancy e Ronald Reagan". Na foto, com as duas mãos, ele está segurando a mão dela, enquanto a Madre e a primeira-dama trocam sorrisos amorosos.

Aos olhos de Reagan, Madre Teresa não podia errar. A equipe da Casa Branca entrava em ação sempre que irmãs, emigrando da Índia, enfrentavam problemas com vistos, ou ela ligava para falar com o presidente. Irmão Geoff, ex-líder dos Irmãos MC, se lembra da Madre certa vez usar um telefone público na Índia para ligar para a Casa Branca. Ela foi atendida de imediato e os dois conversaram sobre o combate à fome na Etiópia.

Eu só compreendi o amigo querido que ele era para a Madre depois que ele deixou o cargo. No início de 1989, ela me ligou e pediu que eu marcasse um encontro dela com os Reagans. Quando a lembrei de que ele não estava mais no cargo, ela respondeu: "Eu sei. É por isso que quero vê-lo agora. Me pergunto se alguém ainda vai visitá-lo".

Seu cuidado com um amigo que não estava mais no poder era tocante. Agendei o encontro para 10 de fevereiro de 1989, em Los Angeles. A Covenant House, uma organização sem fins lucrativos que ajudava jovens desabrigados e fugitivos, enviou uma van para nos buscar no aeroporto e nos levar até o escritório de Reagan, no Fox Plaza, onde o pessoal do Serviço Secreto nos escoltou em um elevador privativo até o trigésimo quarto andar. Enquanto a Madre aguardava por seu compromisso, me pediu que refrescasse sua memória: "Que prêmio eles me deram? Acho que foi pela paz".

Ela se encontrou com o casal Reagan em particular por cerca de meia hora, e então seus companheiros de viagem foram todos levados para um aperto de mão e uma foto. Quando voltamos para o saguão, a notícia de que Madre Teresa estava no prédio havia circulado. Todos, de corretores da bolsa de valores a funcionários das lanchonetes, se amontoaram para vê-la de perto.

"Foi muito bom eu ter vindo visitá-lo", Madre falou quando, finalmente, chegamos de volta à van. Ela ficou quase tagarela falando sobre Reagan. "Ele ficou feliz por eu ter vindo. No início, estavam muito formais. Mas então ele relaxou. Conversamos sobre a União Soviética. A sra. Reagan disse que vai ajudar quando nossas irmãs MCs vierem para Los Angeles. Eles ficaram muito felizes em me ver. Dessa vez, vim sem nada para pedir. Acho que isso é bom. Antes, o via como um presidente; hoje, o vejo como uma pessoa." Tive a sensação de que ela havia encontrado no líder mundial envelhecido algo raro naquele estágio de sua vida: um semelhante.

Hillary Clinton era primeira-dama quando ela e a Madre se encontraram pela primeira vez. Estavam em lados opostos quando se tratava da controversa questão social do aborto. A sra. Clinton era uma defensora ferrenha do direito legal ao aborto; Madre Teresa o denunciava. Sua oposição ao aborto era um componente central de cada discurso público mais importante da Madre. No capítulo oito, descrevi as observações antiaborto que a Madre fez no Café da Manhã Nacional de Oração, em Washington, D.C., em fevereiro de 1994. Foi depois desse discurso que ela se encontrou com o casal Clinton. Ela e a primeira-dama concordaram em trabalhar juntas para abrir um lar para adoção na região de Washington, D.C. Ela também deu a entender que a primeira-dama tinha lágrimas nos olhos no fim de sua conversa. "Sra. Clinton prometeu me dar uma casa para as crianças que ninguém quer. Vou escrever uma carta para ela, e então vamos ver."

Ela escreveu duas cartas. A primeira endereçada ao casal: "Conforme nossa conversa sobre salvar crianças do aborto através da adoção, fiquei muito impressionada com sua preocupação e prontidão em ajudar... Rezo para que, juntos, façamos algo belo para Deus". Dois dias depois, em Nova York, ela escreveu uma segunda carta para a primeira-dama, reiterando seu interesse em abrir um lar para adoção com ela. E encerrou: "Rezo frequentemente por vocês dois. Mantenham a alegria de amar em seus corações e compartilhem essa alegria com todos os que conhecem, em especial, sua família. Por favor, orem por nossa Sociedade [MC], nossos Pobres e por mim".

Hillary Clinton estava saindo de um ano difícil – tinha levado uma surra da mídia por causa de uma importante iniciativa na saúde – e parecia estar animada com essa nova amizade. Em março de 1995, ela e sua filha, Chelsea, visitaram o lar para crianças de Madre Teresa, em Nova Delhi, como parte de sua viagem à capital da Índia. Em um artigo de opinião no *Washington Post*, a sra. Clinton lembrou o encontro inicial delas: "Foi em fevereiro de 1994, e ela tinha acabado de fazer um discurso contra o aborto no Café da Manhã Nacional de Oração... Ela me contou sobre seus lares para crianças órfãs em Nova Delhi e Calcutá e pediu minha ajuda para montar um lar semelhante... Embora tenhamos divergências sobre algumas questões, encontramos um terreno em comum na adoção".

Dezesseis meses depois, em junho de 1995, após muito trabalho, a nova casa de adoção foi inaugurada na fronteira oeste do distrito de Columbia. Era uma grande casa estilo Tudor, em um bairro residencial de classe alta – não exatamente nos moldes das outras casas das MCs ao redor do mundo, porém de acordo com as diretrizes da Madre de que a casa deveria ser confortável e acolhedora para mulheres grávidas e seus bebês. Quando a sra. Clinton chegou antes da cerimônia de inauguração, vi a Madre se encaminhar em sua direção e cumprimentá-la calorosamente. Essas parceiras improváveis rapidamente tinham se tornado amigas. Após o evento, elas trabalharam juntas na corda – a primeira-dama protegida por sua equipe do Serviço Secreto, e a Madre, por mim.

Dois anos depois, quando Madre Teresa faleceu, a sra. Clinton liderou uma delegação dos Estados Unidos para comparecer ao funeral oficial em Calcutá. Eunice Shriver, o ícone dos direitos civis, John Lewis, e outros políticos, religiosos e empresários foram incluídos no grupo. Mary e eu fomos convidados, porém havia apenas um lugar disponível no avião oficial, então tivemos que escolher quem iria. Como Mary ainda estava amamentando nosso filho de 1 ano, decidimos que eu deveria ir. Nossa delegação de quinze pessoas passaria dezenas de horas em trânsito e permaneceria em Calcutá apenas dezesseis horas.

Algumas horas depois de decolar, a primeira-dama se dirigiu à parte traseira do avião, onde eu estava sentado com Irmã Dominga e Irmã Therese-Marie, duas representantes das MCs do Bronx que faziam parte da delegação. Me apresentei novamente e lembrei como a Madre nos pedia frequentemente para que orássemos pelos Clintons e o quão satisfeita ficou por ter aberto a casa de adoção com ela. "Madre amava você", disse a ela.

A primeira-dama de aço derreteu como manteiga. "Madre costumava me enviar bilhetes manuscritos de tempos em tempos, me contando o que estava fazendo e que estava rezando por mim. Me lembro do quão mal ela se sentiu por não ter podido ir a Delhi quando estive lá com Chelsea." Então fez uma pausa e acrescentou: "Recebo muitas correspondências de ódio de cristãos. Nunca entendi por que a Madre me amava tanto".

Após o funeral e uma rápida visita ao orfanato das MCs, paramos no convento-sede para que a primeira-dama pudesse oferecer suas condolências à Irmã Nirmala e fizemos uma oração no túmulo, que ainda estava sendo finalizado por pedreiros locais. Então, chegara a hora de deixar Calcutá. Quando subi os degraus para entrar no avião, vi a sra. Clinton de pé na porta, distribuindo uma pequena medalha de alumínio para cada um que entrava a bordo. "Irmã Nirmala me deu essas Medalhas Milagrosas para eu distribuir", explicou. Eu tinha visto Madre Teresa colocar Medalhas Milagrosas no chão, no México, onde queria construir um seminário. Irmã Marelda me contou que certa vez a Madre colocou uma na mão muito inchada de uma irmã e ela ficou curada no dia seguinte. A Madre tinha me aconselhado a dá-las a pessoas sofrendo com câncer, junto com uma oração especial e instruções sobre onde colocar a medalha. Mas ver

Hillary Clinton distribuindo-as me surpreendeu, e imaginei a Madre sorrindo para essa cena, de seu novo lar, no céu.

A relação de Madre Teresa com a Princesa de Gales é a mais surpreendente. Formavam uma dupla improvável. Uma usava um sari de algodão tecido por leprosos. A outra era a personificação do glamour em roupas de alta-costura, sapatos de grife e joias preciosas. E, ainda assim, tinham muito em comum. Ambas sofriam com a fama – embora a intensidade da fama de Diana estivesse muito além da que a própria Madre tinha que enfrentar. E ambas eram conhecidas por sua compaixão pelos pobres e, em particular, pelos que sofriam com a aids. Ambas usaram sua imensa popularidade para melhorar a situação dos oprimidos. Elas também compartilhavam uma timidez natural e uma aversão a fotógrafos.

Estão permanentemente conectadas na memória pública, porque Diana morreu apenas cinco dias antes da Madre. A morte dessas duas mulheres amadas pareceu convulsionar o mundo em luto. Alguns católicos acham que Madre Teresa foi negligenciada pela mídia, pois a cobertura de sua morte foi ofuscada pela preparação do funeral de Diana, no dia seguinte. Não vejo dessa forma. Para mim, Deus decidiu deixar Madre Teresa sair pela porta dos fundos, de uma maneira condizente com sua simplicidade e humildade. O momento também deu à Índia alguma privacidade para chorar a morte de sua filha adotiva favorita.

Quando Diana foi a Calcutá, em fevereiro de 1992, para conhecer Madre Teresa, estava à beira da separação do marido. A Madre estava se recuperando de uma cirurgia cardíaca e não podia sair da cama para receber a princesa pessoalmente, mas ordenou que as MCs estendessem o tapete vermelho para a ocasião. Um coro de centenas de irmãs recebeu a convidada especial. Naquele dia mais tarde, Diana escreveu ao seu amigo e mordomo, Paul Burrell: "Hoje, algo muito profundo tocou minha vida... Fui a casa de Madre Teresa, em Calcutá, e encontrei a direção que tenho buscado todos esses anos. As irmãs cantaram na minha chegada, uma experiência profundamente espiritual, e voei grandes alturas em meu espírito".

Esse despertar espiritual levou a princesa a procurar Madre Teresa novamente algumas semanas mais tarde, dessa vez no convento das Missionárias da Caridade, em Roma. A visita durou cerca de meia hora, e então elas rezaram juntas, em particular, na capela do convento. No ano seguinte, Madre estava em Londres, e Diana estava tão ansiosa para vê-la que foi até o convento das MCs dirigindo seu carro particular sem dizer a ninguém no Palácio de Kensington e sem levar nenhum segurança. Nessa época, a princesa já estava separada do marido, e Irmã Tanya, superiora do convento em Londres, tem certeza de que ela e a Madre conversaram sobre a situação do casal real. A princesa chorou durante todo o tempo em que estiveram juntas e abraçou a Madre ao se despedir.

Em 1995, estavam agendadas para se encontrar novamente no convento em Londres, mas, quando fotógrafos cercaram a entrada, a Madre mudou os planos. "Melhor irmos lá", disse à Irmã Tanya. Providências foram tomadas para que a Madre fosse levada pelo portão lateral do Palácio de Kensington para que ela e a princesa pudessem ter sua visita particular.

Irmã Tanya, que esteve com a Madre em cada uma dessas visitas em Londres, sentia que o papel da freira idosa com a princesa era o de mãe, confidente e mentora espiritual. Ela conta que a Madre ensinou a Princesa Diana a fazer o sinal da cruz, debateu os Evangelhos e rezou com ela no fim de cada encontro. A princesa precisava de alguém com quem pudesse abrir seu coração dolorido. Mas estava claro que apenas Deus poderia ajudá-la. A Madre se tornou mediadora dessa assistência divina.

Depois desses encontros, a Madre permanecia de boca fechada quando suas irmãs perguntavam o que havia sido conversado e apenas pedia que rezassem pela família real. Porém, em 1996, ela deu uma entrevista ao *Ladie's Home Journal* que causou todo tipo de problemas. A Madre raramente dava entrevistas. A jornalista Daphne Barak tinha vindo para Calcutá tentando uma e foi enviada para Kalighat como voluntária no dia de Natal. Então ficou frente a frente com a Madre. Na descrição de Barak, ela "acabou de mãos dadas com ela, conversando como duas adolescentes". A Madre perguntou se as histórias sobre o fim do casamento da Princesa Diana eram verdadeiras.

"Com certeza parecem ser", Barak respondeu.

Madre Teresa foi citada, como tendo respondido: "Acho que é uma história triste. Ela tem uma alma tão triste. Ela dá tanto amor, mas precisa receber de volta. Sabe de uma coisa? É bom que tenha acabado. De qualquer forma, ninguém estava feliz. [...] O que vai acontecer com os filhos? Espero que fiquem perto dela. São a única coisa que ela tem".

Essas palavras causaram um grande alvoroço quando apareceram no artigo, pois tanto a imprensa católica quanto a secular entenderam o que parecia ser um endosso de Madre Teresa ao divórcio. Tal declaração parecia contrária a tudo o que ela defendia e, mais importante para ela, aos ensinamentos da Igreja Católica.

Liguei para Calcutá para relatar as consequências na mídia e me pediram que descobrisse se o relato de Barak estava correto. Falei com Myrna Byth, editora-chefe do *Ladie's Home Journal*, que me garantiu que a citação estava cem porcento correta, embora tenha se recusado a me mostrar uma gravação da entrevista. A Madre não achava que poderia ter dito tal coisa, mas não conseguia se lembrar. E me pediu que rascunhasse uma declaração que ela editaria e, posteriormente, divulgaria: "Não sei se esse relato da mídia surgiu por causa de um mal-entendido, uma falha de comunicação ou um erro. Desejo deixar claro que nunca aconselhei ninguém a buscar um divórcio". Ela fez referência à sua "oposição ao divórcio durante toda a vida" e acrescentou: "Meu amor e minhas orações fervorosas estão com a Família Real durante esse momento difícil". O *Washington Post* apelidou seu esclarecimento de "retratação real de Madre Teresa". Cinco meses depois, o divórcio do casal estava concluído.

A última vez que a Princesa Diana e Madre Teresa se encontraram foi no Bronx, em 18 de junho de 1997, menos de três meses antes de suas mortes. Diana tinha seguido em frente com a vida, focando em seus filhos e suas atividades de caridade. Naquele dia, a princesa se encontrou pela manhã com a primeira-dama, Hillary Clinton, na Casa Branca, e depois viajou para Nova York, para se despedir de sua "segunda mãe", visita que ela planejava ser sua última naquela viagem ao exterior. Quando a visita acabou, Madre saiu de mãos dadas com a princesa até a comitiva que a aguardava. Diana parou para beijar as mãos e a testa da Madre e sentir o calor do abraço da mulher que tinha mudado a direção de sua vida. Pouco depois da visita, a Princesa Diana doou 79 de seus vestidos para um leilão na Christie's e ordenou que os 3,25 milhões de dólares em receita fossem usados em benefício de pacientes de câncer e de aids.

A última declaração pública de Madre Teresa em vida foi de condolências pela morte trágica de sua amiga: "Ela tinha muita preocupação com os pobres. Era muito ansiosa para fazer algo por eles. É por isso que era tão próxima a mim".

Ambas tiveram despedidas comoventes, televisionadas globalmente. A "princesa do povo" teve um funeral real na Abadia de Westminster, assistida por um público estimado de 2,5 bilhões de pessoas, com uma performance de Elton John. Para o funeral da Madre, 13 mil convidados de diversas religiões – incluindo a mim e outros membros da delegação dos Estados Unidos – lotaram uma arena coberta de Calcutá. Antes da missa, um milhão de calcutaenses se enfileiraram pelas ruas da cidade para ver o corpo dela passar em procissão na mesma carruagem que tinha transportado o corpo de Mahatma Gandhi, em 1948. Eles tinham ido se despedir de alguém do seu povo.

Antes que a princesa fosse colocada para descansar em seu túmulo, as contas do rosário que uma santa lhe tinha dado foram colocadas em suas mãos.

Capítulo 11

Respondendo aos críticos

"Não deixe que o pecado dele faça você pecar."
– Madre Teresa

Foi muito bom Madre Teresa ter cultivado a capacidade de perdoar e conceder misericórdia, pois, conforme crescia sua fama, também crescia o número – e a veemência – de seus críticos. A Madre desenvolveu casca grossa. Em todos os anos que a representei, nunca se defendeu publicamente contra falsas alegações ou difamações dirigidas a ela. Achava que Deus protegeria seu nome se Ele precisasse.

Os ataques tomaram muitas formas. Alguns eram simplesmente críticas ao ensino católico (em especial sobre aborto e contracepção) em um outro formato. Um exemplo típico foi o da feminista Germaine Greer criticando as opiniões antiaborto da Madre em resposta à situação das vítimas de estupro em Bangladesh que ficaram grávidas, no início dos anos 1970. "Madre Teresa não ofereceu a elas nenhuma opção, a não ser gerar uma descendência de ódio. No universo de Madre Teresa não há espaço para as prioridades morais dos outros", ela escreveu.

O mais conhecido crítico da Madre foi o jornalista Christopher Hitchens, que tinha o hábito de atacá-la em colunas, artigos e na televisão. Dois anos antes da morte dela, ele publicou um livro chamado *The Missionary Position*[9], no qual construiu um caso contra Madre Teresa usando quatro linhas principais de ataque. Ele a acusou de se aproximar de políticos corruptos e aceitar doações provindas de ganhos ilícitos. Disse que suas casas forneciam cuidados precários. Alegou que ela acumulava doações e as gastava mal. Por fim, numa crítica que só pode ser vista como de natureza *ad feminam*[10], ele a chamou de hipócrita, se não, uma fraude.

Com a primeira linha, Hitchens estava, essencialmente, atacando a Madre por encontros que às vezes tinha. Ele gostava de chamar a atenção para uma foto dela com a primeira-dama do Haiti, Michele Duvalier, concluindo que a Madre estava "lambendo os pés dos riscos em vez de lavar os pés dos pobres". Outros críticos também denunciaram seu encontro com Fidel Castro, o ditador de Cuba. Duvalier e Castro foram dois de uma longa lista de chefes de Estado (e seus cônjuges) que quiseram se encontrar com a Madre e desfrutar da inevitável publicidade favorável. Ela concordou com esses breves encontros, pois era o preço que precisava pagar para que suas irmãs alcançassem os pobres sofredores no Haiti e em Cuba. A Madre estava determinada a levar suas freiras a lugares com maiores necessidades. Durante o encontro, Castro disse que não havia pobres em Cuba, e a Madre sabiamente respondeu que deveria haver residentes idosos que suas irmãs pudessem visitar. A artimanha assegurou a permissão que necessitava para abrir missões para ajudar os oprimidos da ilha. Ajudar os cubanos não significa tolerar os crimes do regime de Castro.

Madre abriu casas das Missionárias da Caridade nos países do bloco oriental muito antes da queda do Muro de Berlim, em 1989, assim como no Oriente Médio e em outras regiões do mundo agitadas por conflitos políticos e militares. Quando necessário, ela se envolvia com políticos, mas nunca com política. Sua grande notoriedade pública transformou isso numa corda bamba na qual era cada vez mais difícil de andar. Hitchens argumentava que o fato de a Madre lidar com os Duvaliers e Castros do mundo fazia dela "uma agente política... uma cúmplice dos poderes mundanos e seculares". Ele simplesmente não entendeu os

---
9 Em tradução livre, *A posição missionária*. (N.T.)
10 Expressão latina que significa "contra a mulher" ou "ataque pessoal contra a mulher". (N.T.)

motivos da Madre – ou não conseguia conceber outros. Ela sabia que, se Jesus pôde se associar a prostitutas, comer com pecadores e interagir pacificamente com os opressores de Roma, ela poderia ser vista com líderes corruptos se isso fosse necessário para servir aos pobres.

A Madre entendia de autoridade e poder. Ela nunca os procurou, mas buscou colocar essas forças a serviço dos impotentes. Com essa finalidade, se encontrou com pessoas de grande riqueza material e influência em todo o mundo. Eles a procuravam, e ela fazia uso deles.

Uma das críticas preferidas de Hitchens tinha a ver com a ligação da Madre com Charles Keating, um magnata e filantropo do Arizona. Ele doou mais de um milhão de dólares para uma nova missão que ela abriu em Phoenix. O dinheiro de Keating foi desembolsado, anos se passaram, e então ele foi indiciado na Califórnia por acusações de fraude, extorsão e conspiração. Informei a Madre sobre esse acontecimento e como ele estava sendo acusado de dizimar as economias de muitos investidores, incluindo de idosos. "Ele fez isso?", perguntou. Disse a ela que ele defendia sua inocência, mas que as evidências não lhe eram favoráveis. Ela ficou triste com a notícia e preocupada com os que perderam seu dinheiro. Durante as negociações da Madre com Keating, em nenhum momento ela teve o menor indício de que havia alguma preocupação sobre a ética dele nos negócios. Quando soube, não aceitou mais contribuições de Keating e manteve uma distância adequada dele para não causar escândalos.

Mas ela não viraria as costas para ele. Depois de sua condenação, ela escreveu uma carta ao juiz da sentença, pedindo clemência. Hitchens teve um dia agitado por causa disso. Mas não reconheceria o precedente estabelecido por Jesus. Se Ele não condenou uma mulher acusada pela lei mosaica à morte, Madre deve ter achado que poderia pleitear em favor de seu amigo. O copromotor do caso fez uma demanda muito pública para que a Madre devolvesse o dinheiro. Isso foi um pouco arrogante, já que a doação de Keating tinha sido dada sob circunstâncias completamente inocentes anos antes, e o promotor não fez a mesma exigência às muitas outras instituições de caridade, igrejas e políticos que receberam dinheiro de Keating ao longo dos anos. A Madre não respondeu. Ela nunca comentou comigo suas razões por não ter respondido, mas, de modo geral, ignorava seus críticos. E sabia que o dinheiro tinha sido dado aos pobres e, há muito tempo, usado em benefício deles. Não era dela para ser devolvido.

Culpa por associação era uma estratégia constante de Hitchens e outros críticos da Madre. Frequentemente insistiam no caso de Donald J. McGuire, um padre bem conhecido da Madre e suas irmãs. Conheci McGuire no fim dos anos 1980 e estive com a Madre em diversas ocasiões em que McGuire distribuía charme e piedade para ela em igual medida. Ele pregava de modo convincente sobre os ensinamentos católicos e espiritualidade e, com destreza, se infiltrou na rede MC de padres auxiliares que conduziam retiros, forneciam orientação espiritual e ouviam confissões das irmãs. Quase uma década após a morte da Madre, ele foi condenado em Wisconsin por abuso sexual de dois estudantes e, dois anos mais tarde, por um tribunal federal por ter viajado para praticar atos sexuais com um adolescente. Foi sentenciado a 25 anos de prisão numa penitenciária federal. Manteve-se teimosamente impenitente, nunca pedindo perdão às suas vítimas, e morrendo atrás das grades em janeiro de 2017.

Madre desconhecia completamente o lado sombrio de McGuire. Ela nunca teria se relacionado com ele, ou permitido que circulasse entre suas irmãs, se tivesse motivos para acreditar que traíra seu sacerdócio. McGuire evitava ser detectado, ironicamente fazendo o papel de vítima. Com frequência, dizia à Madre que seus superiores jesuítas o investigavam e perseguiam porque seus pontos de vista tradicionalistas não estavam em conformidade com os deles. Alegava que tinham a intenção de prejudicar seu ministério. Foi assim que explicou sua estadia temporária, em 1993, em uma instituição para doentes mentais para onde os jesuítas o tinham enviado para uma avaliação psicológica. Padre John Hardon, outro jesuíta, e um parceiro merecidamente confiável da Madre, tinha sido igualmente enganado por McGuire. Quando ela perguntava sobre a situação de McGuire, Hardon sempre garantia sua inocência e retidão, em particular durante sua visita a Calcutá, em 1994, quando McGuire estava tentando retomar seu ministério.

Pouco depois dessa visita, uma carta com a assinatura da Madre solicitando o pronto retorno de McGuire ao serviço sacerdotal foi enviada aos seus superiores jesuítas. Essa carta veio à tona em 2006, durante o julgamento de McGuire, e foi divulgada em 2012. Ao vê-la, tenho certeza de que não foi escrita ou preparada pela Madre, nem por nenhuma de suas irmãs. Para começar, a carta estava datada ao estilo americano, que coloca o mês em primeiro lugar; a Madre datava suas cartas ao estilo europeu, começando com o dia. Estava datilografada no papel timbrado errado – até o tamanho da folha estava errado –, e a Madre, além disso, quase sempre escrevia suas correspondências mais delicadas à mão. A carta inclui frases que ela nunca usava, se referindo às suas superioras regionais como "assistentes regionais", por exemplo, e às quatro conselheiras eleitas como "minhas quatro assistentes". Mais revelador, incluía uma lista dos retiros de McGuire com os nomes das treze irmãs que os organizaram, o que só poderia ter vindo dele, e não da Madre. Quase que certamente, a carta foi rascunhada por McGuire, ou sob sua orientação, e a Madre apenas a assinou sem ler quando lhe foi entregue por alguém em quem confiava, muito provavelmente, Padre Hardon.

Relatos da mídia na época do julgamento de McGuire o descreviam como confidente espiritual de Madre Teresa, uma deturpação promovida pelo próprio padre. Em um folheto promocional que ele circulou no ano em que a Madre faleceu, se descreveu como "Mestre dos Retiros de Madre Teresa". Ao longo dos anos, centenas de padres ouviram a confissão de Madre Teresa ou supervisionaram retiros para ela ou suas irmãs. McGuire não era seu orientador espiritual nem seu confessor regular, embora tenha planejado incansavelmente para convencer a todos de que era.

Embora Madre Teresa não tenha feito nada de errado e tenha confiado razoavelmente nas declarações do Padre Hardon sobre McGuire, a sombra de sua associação com o ex-padre em desgraça permanecerá. Se ela tivesse vivido para saber sobre a depravação moral de McGuire, sua preocupação não teria sido com a própria reputação. Em vez disso, teria sofrido por suas vítimas, suas famílias e por todos aqueles que ficaram escandalizados com sua conduta má e criminosa. Seu coração estaria angustiado pelo dano que ele fizera, assim como o de qualquer mãe.

A abordagem de Madre Teresa no cuidado com os pobres era o segundo foco de críticas. Essa era a principal queixa de Aroup Chatterjee, um médico formado em Calcutá, mas residente em Londres. Ele reclamava que os programas dela eram primitivos demais. Kalighat, seu lar para os moribundos de Calcutá, era um os principais alvos dele e de Hitchens. "As instalações são grotescamente simples: rudimentares, não científicas, anos-luz de atraso em relação a qualquer concepção moderna do que a ciência médica deve fazer", Hitchens opinou. Eles exigiam uma melhoria no nível de cuidados que a Madre oferecia, argumentando que ela tinha os recursos para trazer equipamentos médicos modernos e profissionais treinados.

Mas as Missionárias da Caridade não estavam administrando um hospital. As irmãs foram compelidas pela fé a ajudar as ondas de pessoas desesperadas morrendo nas calçadas. Estavam respondendo a "Jesus em seu disfarce angustiante". Kalighat era um lar onde os moribundos podiam ser conhecidos pelo nome, mantidos limpos, tratados como família e, acima de tudo, amados e acompanhados em seus últimos dias. As irmãs nunca cobraram uma rúpia de ninguém por seus serviços, que incluíam alguns cuidados médicos emergenciais. Vi, em inúmeras ocasiões, as irmãs usando pacientemente pinças para tirar larvas de grandes feridas no crânio (onde o cérebro estava, literalmente, exposto) e nas pernas (onde se podiam ver os ossos) dos pacientes. Elas não podiam enviar seus pacientes para hospitais da região, porque essas instituições não recebiam indigentes. Requerer padrões de primeiro mundo aos desafios que as MCs enfrentavam operando uma instalação residencial como Kalighat é ridículo. Analgésicos, antibióticos e muitos suprimentos necessários rotineiramente estavam indisponíveis. Elas se contentavam com o que tinham, e os moribundos estavam em melhor situação graças aos seus esforços, "rudimentares" ou não.

Hitchens oscilava entre declarar que a Madre não se importava com o sofrimento de seus protegidos e argumentar que ela queria que eles sofressem por causa de suas opiniões religiosas. É difícil levar tais acusações a sério. Não consigo pensar em ninguém no século XX que fez mais para aliviar o sofrimento do que Madre Teresa. As Missionárias da Caridade não eram equipadas para tratar a dor como deve ser um hospital ou uma casa de repouso modernos, mas elas deixavam os residentes de Kalighat confortáveis. As MCs usaram a mesma agulha hipodérmica ou luvas de látex em mais de um residente? Sim, mas porque por muitos anos o processo de abastecimento não era confiável. Não havia escolha além de higienizar e reutilizar o que estava à mão. Ninguém morreu por causa dessa prática. Além disso, uma visita a Kalighat hoje apresenta um quadro diferente porque as MCs e a cidade melhoraram seus sistemas.

Analgésicos, intravenosos e outras intervenções médicas agora estão disponíveis regularmente para as MCs graças aos enormes avanços na Índia e em todo o mundo.

Muitos críticos queriam que Madre Teresa fosse além de amenizar a miséria dos pobres e abordasse os problemas que criavam a pobreza. Ela foi rápida em responder que essa não era sua missão. "Todos temos um dever de servir a Deus onde nos sentimos chamados", escreveu. "Me sinto chamada a ajudar indivíduos, e não a me envolver com estruturas ou instituições." Madre enfatizava que as irmãs não eram nem assistentes sociais nem uma extensão do governo. Eram freiras vivendo seu amor a Deus mediante o trabalho diário. Os críticos estavam livres para abrir e administrar clínicas ou centros de alimentação de acordo com seus altos ideais. Há um provérbio espanhol que diz: "Falar de touros não é a mesma coisa que entrar na arena". Esses críticos evitavam, empenhadamente, a arena. Se tivessem, realmente, realizado o trabalho prático com os pobres, teriam visto os imensos desafios que Madre Teresa – e todos os que cuidam dos famintos, doentes e moribundos – enfrentava.

Quanto à forma como Madre Teresa administrava o dinheiro, Hitchens e Chatterjee gostavam de retratá-la como acumuladora, cheia de dinheiro, que forçava seus seguidores a abraçar a pobreza e implorar por esmolas. "Sob o manto da pobreza declarada, elas ainda solicitam doações, trabalho, comida, e assim por diante, de comerciantes locais", apesar de terem saldos bancários consideráveis, escreveu Hitchens.

É importante deixar claro que as MCs não solicitam doações. A Madre proibiu expressamente a arrecadação de fundos. O dinheiro chega às MCs porque pessoas fazem contribuições de caridade ou doações de bens voluntariamente. As Missionárias da Caridade administravam o que recebiam para necessidades presentes e futuras. É verdade que a Madre era frugal. Ela e suas irmãs não desperdiçavam nada. Sabiam a diferença que alguns dólares fariam para quem não tem um tostão e buscavam honrar tal pobreza pela gestão cuidadosa. O voto de pobreza das MCs cultivava uma ética de não desperdício. Vi isso na prática, quando almocei com a Madre e a vi usar os dedos para pegar cada grão de arroz que estava no prato. Muitas vezes, seu sari estava surrado e ela remendava o tecido em vez de trocar a vestimenta. Como a Madre não trocava seus saris velhos por novos, as irmãs pediam a uma freira igualmente pequena que usasse um substituto durante algumas semanas, e então, sem que ela percebesse, trocavam ele por um da Madre.

Quando Hitchens não estava criticando Madre Teresa por sua frugalidade, a censurava por gastar demasiadamente. "As vastas somas de dinheiro que ela arrecadou foram gastas principalmente na construção de conventos em sua própria homenagem", declarou. Aqui, também, Hitchens estava completamente errado. As MCs raramente construíam novos conventos. Eram beneficiárias de conventos abandonados e outros prédios doados em lugares onde serviam; apenas uma pequena porcentagem de seus fundos foi destinada à compra ou reforma de propriedades. E, onde quer que ela abrisse missões, havia indivíduos generosos que a procuravam, e ela juntava forças com eles. Dwayne Andreas, CEO há muito tempo da multinacional agrícola Archer Daniels Midland (e pai de Sandy McMurtrie), se juntou a ela para enviar toneladas de alimentos em containers para o Haiti e outros países em desenvolvimento. Tom Flatley, um incorporador em Boston, comprou duas casas em Massachussetts para as MCs abrigarem mulheres e crianças. Em 1989, Tom Owens, um executivo da IBM, ajudou a Madre a construir um lar para crianças em Tijuana. Ela sentou-se com ele e, com uma caneta esferográfica azul, desenhou em um guardanapo de papel branco cômodo por cômodo da casa que imaginava. Tom e eu ficamos sentados ali, impressionados, enquanto ela detalhava sua visão. Ela designou um cômodo para crianças com tuberculose, que chamou de "Quarto TB". Tom a entendeu mal e prometeu colocar uma enorme TV para as crianças, o que arrancou boas risadas da Madre. Ele pagou pela construção da casa seguindo as especificações desenhadas pela Madre; a casa abriu no ano seguinte e, até hoje, abriga dúzias de crianças. A Madre não via o mundo como composto de ricos e pobres e de todos aqueles no meio desses extremos. Ela não julgava os abastados, mas os fazia sentir que poderiam fazer bom uso do dinheiro deles.

A sabedoria da Madre em não desperdiçar dinheiro e fazer um pequeno pé-de-meia foi justificada. Fundos arrecadados durante sua vida ainda subsidiam a rede mundial de programas assistenciais que ela construiu. O saldo que as missionárias mantêm não é tão grande quanto era no fim dos anos 1990, mas as Missionárias da Caridade não estão preocupadas. Elas confiam na providência divina, e Deus continua a fornecer.

As críticas mais contundentes de Hitchens eram direcionadas a Madre Teresa em termos pessoais. Aos olhos dele, ela era uma hipócrita e farsante que promovia um "mito de santidade". Para um ateu como Hitchens, parecia que ela estava projetando o estilo de vida dos pobres, enquanto desfrutava os mimos da elite. É verdade que, eventualmente, Madre Teresa viajava na primeira classe em companhias aéreas comerciais. (Germaine Greer certa vez esteve no mesmo voo que a Madre e desaprovou o fato de ela não comer, beber nem se levantar de seu assento durante a viagem.) A Madre voava na primeira classe porque as companhias aéreas imploravam; sua presença na classe econômica causava tal comoção que os comissários de bordo não conseguiam atender aos demais passageiros. Ela não pensava em luxo, apenas fazia o que a companhia aérea achava que era o melhor para todos.

Nos últimos anos de sua vida, aceitou a oferta de pessoas que conhecia para viajar em suas aeronaves particulares. Essa conveniência permitia que passasse mais tempo em suas missões e menos em aeroportos. E também lhe permitia descansar um pouco no trajeto de uma cidade para outra. Ela não pagou um tostão por essas viagens. Nunca buscou o tratamento especial que recebeu. Se dependesse dela, ficaria alegremente em Calcutá e nunca viajaria. Mas sentia que era seu dever visitar regularmente as missões que estabelecera ao redor do mundo e também servir como uma embaixadora para o Papa João Paulo II quando ele pedisse.

Durante os trinta primeiros anos que viveu na Índia, Madre Teresa não deixou o país uma única vez e não há qualquer credibilidade em acusá-la de turista. Viajei com ela em aviões particulares em diversas ocasiões. Sua rotina era sempre a mesma: embarcar, rezar o rosário, falar de negócios se necessário, comer o que lhe servissem, olhar pela janela e, se possível, adormecer. Não era, nem um pouco, seduzida pelas amenidades à sua disposição, embora gostasse de castanhas-de-caju quando lhe eram oferecidas. Conforme sua missão crescia, aprendeu a ser "tudo por Jesus no palácio" – mesmo que isso significasse um palácio voador. Ela considerava essas gentilezas como presentes de Deus, que contrastavam com as milhares de viagens desconfortáveis feitas em trens lotados, bondes, vans e carros caindo aos pedaços, que eram seus meios de transporte usuais.

Quanto à saúde dela, Hitchens gostava de destacar os casos em que a Madre foi internada em hospitais de primeira linha em momentos de doenças graves, contrastando com a situação dos pobres a quem tal privilégio é negado. Novamente, Hitchens deturpou o que realmente aconteceu. A Madre aceitava a generosidade de hospitais e profissionais que ficavam felizes em prestar gratuitamente seus serviços a ela. Sabiam de sua vida altruísta e queriam fazer algo em troca. Porém, quando se tratava de escolher onde e por quem seria tratada, a Madre era uma espectadora dessas decisões. Aceitava de bom grado a caridade. Achava que qualquer dinheiro que não precisasse gastar com serviços médicos poderia ser gasto com os pobres.

A ironia da crítica de Hitchens é que, para começar, Madre Teresa não queria estar em um hospital. Quando a visitei em uma UTI em Calcutá, em 1996, me implorou que a levasse de volta para o convento. Desde o início dos anos 1940, quando resistia ao descanso mesmo estando à beira de um colapso, ela manteve uma aversão a hospitais, até quando estava gravemente enferma. A insinuação de Hitchens e Chatterjee de que Madre Teresa apreciava tratamento médico preferencial tinha a aparência de verdade, mas não podia ser mais falsa.

Talvez a mais ofensiva das críticas levantadas contra Madre Teresa foi a de que ela usava os pobres para avançar sua agenda pessoal – que estava "menos interessada em ajudar os pobres, e mais em usá-los como uma fonte inesgotável de miséria para alimentar a expansão de suas crenças católico-romanas fundamentalistas", como um crítico resumiu o pensamento de Hitchens. Como Hitchens pôde visitar Kalighat, andar por Calcutá com ela (como o fez uma vez em 1980) e concluir que "ela não era amiga dos pobres, era amiga da pobreza" desafia explicações racionais. Durante décadas, Madre Teresa cuidou pessoalmente das feridas de leprosos, deu banho em moribundos, alimentou refugiados desnutridos e acolheu órfãos e deficientes na mais completa obscuridade. Hitchens focou na Madre do fim de sua vida, quando suas responsabilidades em administrar uma organização mundial demandavam que ela viajasse para fora da Índia, e sua saúde debilitada frequentemente a impossibilitava do contato diário direto com os necessitados que conhecia e que, francamente, preferia. Talvez isso tenha distorcido sua avaliação. Mas vale a pena repetir que os mais rápidos em criticar a Madre raramente se inclinavam a fazer o que ela fazia, mesmo que fosse por um dia.

Não se pode investigar as críticas à Madre Teresa sem se deparar com outra acusação bem desgastada – tipicamente vinda de uma ex-MC ou de algum ex-voluntário de Kalighat – de que ela se aproveitava das pessoas vulneráveis e moribundas para coagi-las a se converter ao cristianismo. Ainda assim, não há um único relato de testemunha ocular que afirme que Madre Teresa alguma vez batizou alguém sem seu consentimento. A evidência anedótica apresentada por Hitchens e Chatterjee como prova desmente o que ela praticou a vida inteira: não impor sua religião àqueles a quem servia. Se alguma irmã batizou residentes secretamente sem consentimento, o fez violando ordens explícitas da Madre.

Isso não quer dizer que ela era indiferente ao destino eterno dos outros. Era uma missionária cristã e desejava que as pessoas se aproximassem do Deus que ela amava. Mas respeitava a fé individual de todas as pessoas a quem ela e as MCs serviam. "Amo todas as religiões, mas sou apaixonada pela minha", disse certa vez. "Existe apenas um Deus, e Ele é Deus de todos; portanto, é importante que todos sejam vistos como iguais perante Deus. Sempre tenho dito que devemos ajudar um hindu a ser um hindu melhor, um muçulmano a ser um muçulmano melhor, um católico a se tornar um católico melhor." Frequentemente afirmava que ela não convertia ninguém, e que apenas Deus podia fazer isso. Em Kalighat, onde dezenas de milhares morreram e muitos outros se recuperaram, Madre Teresa rezava com os residentes e os entregava aos cuidados misericordiosos de Deus. Ela os ajudou a encontrar paz ao seu próprio modo quando deixaram este mundo. Não fez qualquer reivindicação ao que Deus fez por suas almas após a morte; os mecanismos da salvação não eram sua preocupação. Ela não acreditava que apenas os cristãos iam para o céu.

Após a morte de Madre Teresa, as declarações de seus acusadores tornaram-se ainda mais mesquinhas. Hitchens a chamou de "pecadora mundana e dissimulada" na *Vanity Fair* e declarou "meu dia de vingança chegará, embora não seja muito confortável estar acompanhado no inferno por uma freira carrancuda". E, um quarto de século depois, não esmoreceram. Em 2021, Michelle Goldberg, uma colunista do *New York Times*, escreveu um artigo intitulado "Madre Teresa era uma líder de seita?". A argumentação de Goldberg não trouxe nada de novo e ecoou principalmente as acusações de Hitchens, de que a Madre promovia um "culto da morte e do sofrimento". Ou de um "sofrimento fetichizado ao invés de tentar aliviá-lo", como colocou Goldberg. Seu gancho foi um podcast em dez episódios chamado *The Turning: The Sisters Who Left*[11], coproduzido por Mary Johnson, uma ex-irmã que há muito tempo divulga sua insatisfação com as Missionárias da Caridade. A série começa com ela discutindo seu desejo de sair da ordem e como sentia que estava sendo impedida de fazê-lo. Suas próprias lembranças de seu tempo nas MCs detalham seus desejos sexuais e como eles a afastaram de seus votos. Certamente, ela mentiu para Madre Teresa quando confrontada sobre um relato de que tinha sido descoberta na cama com uma mulher sob sua supervisão. O livro de Johnson inclui todas as formas como ela traiu a confiança de Madre Teresa. Em meio a tudo isso, a Madre tratou Johnson tão gentilmente quanto Jesus tratou Judas.

No entanto, Goldberg levou a história de Johnson ao pé da letra e justificou seu próprio ataque como parte de "um impulso mais amplo na cultura americana para expor relações iníquas de poder e reavaliar figuras históricas reverenciadas". E, como era de se esperar, essa "reavaliação" acusa Madre Teresa e as milhares de mulheres que continuam seu trabalho; muitas arriscando a vida em lugares como Iêmen, Síria, Iraque e outros países devastados pela violência. Para Goldberg, os testemunhos de algumas ex-MCs comprovam que as irmãs que permaneceram eram cativas de lavagem cerebral numa "colmeia de abuso e coerção psicológica".

Duas questões básicas não foram respondidas por Goldberg: primeiro, se Johnson e essas mulheres estavam tão infelizes, por que permaneceram tanto tempo? Elas sabiam, desde o primeiro dia, que podiam deixar o convento a qualquer momento. E, segundo, se a vida no convento é tão terrível, por que milhares de freiras MCs, servindo nos lugares mais empobrecidos e perigosos da terra, continuam? Goldberg ignorou essas duas falhas óbvias em sua argumentação. Em vez disso, concluiu: "Vista através de lentes contemporâneas e seculares, uma comunidade construída ao redor de uma fundadora carismática e dedicada à idolatria do sofrimento e à aniquilação da individualidade feminina não parece abençoada e etérea. Parece sinistra".

Eis, de novo, o problema de Hitchens. "Lentes contemporâneas e seculares" jamais podem ver a vida da Madre e de suas irmãs como são

---

[11] Em tradução livre, *A virada: as irmãs que saíram*. (N.T.)

– generosas, gratificantes, corajosas e alegres. Goldberg fica perplexa como um amor por Deus pode inspirar alguém a deixar família, renunciar a ter filhos e aos confortos do mundo para servir aos mais pobres do povo de Deus. As MCs nunca se declararam perfeitas, nem a Madre. Ela era a primeira a destacar as próprias fraquezas e fracassos. Talvez fosse por isso que precisasse tanto de Deus.

Uma vez Madre Teresa me disse que perdoava Christopher Hitchens por seu livro, embora não entendesse o motivo de ele ter escrito o que escreveu. E tenho certeza de que teria perdoado Mary Johnson se suas queixas tivessem sido publicadas enquanto ela era viva. Relutantemente, devo concluir que, se ela pôde perdoar seus críticos, então aqueles que a amam deveriam fazer o mesmo. Porém, pessoas como Hitchens, Chatterjee e Goldberg não facilitam.

Capítulo 12

Na escuridão como na luz

"Estou aprendendo a querer o que Ele dá, e não o que eu prefiro."
– Madre Teresa

Jesus disse: *Se alguém quer vir após mim, renegue-se a si mesmo, tome cada dia a sua cruz e siga-me*. Madre Teresa pegou sua cruz a cada oportunidade: buscando, em suas próprias palavras, "sempre o mais difícil". Na sede de Calcutá, ela pegou para si o pior quarto (o mais quente, acima dos fogões de carvão da cozinha), as piores tarefas (limpar latrinas, esfregar o chão) e a pior comida (sempre as sobras, depois que todos tinham sido servidos). O crucifixo preso em seu sari, o crucifixo do rosário que estava constantemente em suas mãos e o grande crucifixo que prendia a dobra de seu sari na cintura a cada manhã serviam como lembretes constantes do que Deus pedira dela.

No entanto, o peso de sua cruz incluía sofrimento que ela não tinha escolhido – provações que lhe foram impostas por Deus. Além dos muitos fardos físicos, mentais e emocionais que carregava como líder de uma ordem missionária, a Madre suportou quase cinco décadas de dor punitiva espiritual. Isso quase sufocou sua alma. Era uma luta pessoal, compartilhada apenas com seus confessores e com o Arcebispo Perier, de Calcutá. Isso veio à tona devido à correspondência recolhida pelo Padre Brian Kolodiejchuk como parte do processo de coleta de documentação do Vaticano para determinar sua santidade. Ele encontrou cartas preservadas no arquivo da diocese de Calcutá, datadas dos anos 1940 e 1950, assim como os próprios diários da Madre desde que deixou Loreto. A Madre nunca teve a intenção de que esses escritos sobrevivessem. Padre Neumer, um teólogo nascido na Áustria, que a aconselhou em seus momentos mais dolorosos, testemunhou no processo de canonização: "Ela me deu os papéis com o pedido expresso de que os queimasse assim que os lesse". Depois de muita oração e aconselhamento, Padre Brian reproduziu mais de 150 cartas e bilhetes da Madre no livro *Venha, Seja minha luz* (2007). Ele acreditava que as próprias palavras dela contribuiriam para um entendimento mais rico sobre sua vida. A coletânea revela suas experiências de trevas e seus anos de estranhamento de Deus, um estado espiritual que os católicos chamam de "noite escura da alma".

Ela revelou pela primeira vez essa escuridão, que persistiu por quase toda a sua vida, em uma carta, em março de 1953, que escreveu ao Arcebispo Perier. "Por favor, reze especialmente por mim, que eu possa não estragar Seu trabalho e que Nosso Senhor possa se mostrar [...] pois há uma terrível escuridão dentro de mim, como se tudo estivesse morto. Tem sido assim, mais ou menos, desde que comecei 'o trabalho'. Peça ao Nosso Senhor que me dê coragem." Com exceção de um período de cinco semanas, em 1958, quando recebeu uma breve trégua "daquele estranho sofrimento de dez anos" após orar ao recém-falecido Papa Pio XII e pedir-lhe um sinal de que Deus estava satisfeito com seus esforços, o sofrimento intenso e o estranhamento de Deus que ela vivenciou nunca diminuíram.

"Senhor, meu Deus, quem sou eu para que me abandones?", ela escreveu em 1959, em uma carta para Padre Lawrence Picachy, seu confessor na época. "Onde está minha fé? [...] Mesmo no fundo, bem no fundo, não há nada além de vazio e escuridão. Meu Deus [...] como essa dor desconhecida é dolorosa. Dói sem cessar [...]. Não tenho fé. [...] Não ouso proferir as palavras e os pensamentos que se amontoam em meu coração [...] e me fazem sofrer uma agonia indescritível." Ela colocou esses sentimentos no papel por uma incapacidade de dizê-los em voz alta mesmo para seu confessor e para aliviar sua agonia interna. "Pensamentos colocados no papel dão um pequeno alívio", escreveu. "Por que Ele quer que eu lhe diga tudo isso, eu não sei."

Em 1959, Padre Picachy pediu a ela que endereçasse uma carta diretamente a Jesus. "Em minha alma", Madre escreveu, "sinto apenas essa terrível dor de perda, de Deus não me querendo, de Deus não sendo Deus, de Deus não existindo verdadeiramente (Jesus, por favor, perdoe minhas blasfêmias – me disseram para escrever tudo)."

As cartas descrevem a agonia de uma mulher completamente devotada a Deus que não sentia amor de volta. "No chamado, Você disse que eu teria que sofrer muito", escreveu, lembrando a mensagem de Jesus para ela no trem para Darjeeling. Ela trabalhou até os ossos tentando saciar a sede de Jesus por almas e, ainda assim, escreveu outra carta: "Almas não têm nenhuma atração – O céu não significa nada – para mim, parece um lugar vazio".

Quando Padre Brian me enviou as provas de *Venha, Seja minha luz* para revisão, antes que fosse publicado, fiquei chocado com o que li. A Madre sentia que Deus não a queria? Escuridão a cercava por todos os lados? Para mim, no início, foi impossível conciliar o que eu lia em suas cartas com a mulher alegre que conheci, uma mulher que parecia ser mimada por Deus. Quem era próximo dela sabia que ela vivia uma vida incrivelmente difícil nos ambientes mais penosos, dando tudo de si, recusando nada a Deus. Simplesmente supomos que, em troca, Deus estava sussurrando coisas doces em seu ouvido e a confortando no silêncio da oração. Continua difícil conciliar as expressões de dor e solidão interior do livro com minhas memórias, mas reconheço que as palavras são, indiscutivelmente, dela.

Lendo o livro, senti como se a Madre, de repente, fosse uma estranha para mim. Me debrucei sobre as cartas em busca de pistas que pudessem revelar como foi possível para ela estar em tamanha dor e, ainda assim, ser tão alegre o tempo todo. "As pessoas dizem que se aproximam de Deus vendo minha forte fé. Isso não é enganação? Toda vez que quero dizer a verdade – 'que não tenho fé' –, as palavras simplesmente não saem, minha boca permanece fechada. E, ainda assim, continuo sorrindo para Deus e para tudo", ela escreveu em 1962, doze anos em sua jornada na escuridão. Eu fui uma dessas pessoas que viu força em sua fé; me aproximei de Deus pelo sorriso beatificante dela e por aquilo que pareciam ser suas firmes convicções sobre Deus. Se ela tivesse me dito que não tinha fé, eu não acreditaria. Ainda assim, suas cartas descrevem uma mulher que passou os últimos cinquenta anos da vida em escuridão espiritual, desprovida de qualquer sensação da presença de Deus e de Seu amor por ela. Se Madre Teresa tinha dúvidas sobre a existência de Deus, o que se pode esperar de nós, de menor fé?

Imediatamente entrei em contato com amigos da MC: Irmã Nirmala, Padre Joseph e outras irmãs e padres que conheciam a Madre muito melhor do que eu. Estavam cientes do que ela tinha sofrido todos aqueles anos? Todos deram a mesma resposta: ela nunca mencionou nada. Isso foi tão surpreendente para mim quanto sua própria dolorosa escuridão oculta. Se tivesse sido comigo, teria encontrado maneiras de fazer com que as pessoas mais íntimas soubessem a extensão da minha angústia. Mas a Madre escolheu suportar essas provações em particular, levar sua cruz sozinha.

Quanto mais pensava sobre o que as cartas revelavam, mais eu via a escuridão de Madre Teresa como parte das agonias e paixão de seu Salvador. Como escreveu São Paulo sobre as próprias aflições espirituais: "Agora me alegro nos sofrimentos suportados por vós. O que falta às tribulações de Cristo, completo na minha carne, por seu corpo que é a Igreja". O relato da crucificação no Evangelho de Marcos começa: *Desde a hora sexta até a hora nona, houve trevas por toda a terra. E à hora nona Jesus bradou em alta voz: "Elói, Elói, lammá sabactáni?",* que quer dizer: *"Meu Deus, meu Deus, por que me abandonaste?".*

Misteriosamente, Madre Teresa compartilhou Sua escuridão e sensação de abandono. "Em meu coração não há fé, nem amor, nem confiança; há muita dor, a dor de saudade, a dor de não ser desejada", escreveu em 1959. "Não rezo mais, repito as palavras das orações comunitárias, e tento ao máximo extrair de cada palavra a doçura que tem a dar." Ela pode ter se sentido desamparada e esquecida por Deus e sofrido com dúvidas sobre a existência de Deus durante seus momentos mais difíceis, mas a escuridão que envolveu sua vida até sua morte não teve a última palavra. Até o fim, ela se agarrou a uma confiança cega em um Deus amoroso.

Por fim, ela alcançou um nível de iluminação sobre o papel que a escuridão teve em sua vida e vocação. Em uma carta de 1961 para o Padre Joseph Neuner, escreveu: "Pela primeira vez nesses onze anos, consegui amar a escuridão. Porque agora acredito que ela é uma parte, uma parte bem pequena da escuridão e dor de Jesus na terra… Mais do que nunca, me entrego a Ele". Ela tinha aprendido a acolher a escuridão que sentia em sua alma, se tornar amiga dela e oferecê-la de volta para Jesus. Perto do fim de sua vida, ela confidenciou a William Curlin, bispo de Charlotte, Carolina do Norte, que conhecera na Gift of Peace quando era pároco. "Que presente maravilhoso de Deus", escreveu a Curlin, "ser capaz de oferecer a Ele o vazio que sinto. Estou tão feliz em dar a Ele esse presente."

As cartas da Madre também sugeriam que a experiência de rejeição permitiu a ela se identificar mais intimamente com os leprosos e excluídos de Calcutá, que conheciam bem a dor de não serem amados e serem indesejados. Em 1962, ela escreveu: "A situação física dos meus pobres deixados nas ruas indesejados, não amados, sem dono é o verdadeiro retrato de minha própria vida espiritual". Tenho ponderado com frequência sobre a coincidência do início de suas provações espirituais com o florescimento do trabalho das Missionárias da Caridade. Parece que, quanto mais Madre Teresa se sentia rejeitada por Deus, mais prosperava sua missão de levar o amor de Deus e alívio aos pobres. Seria a escuridão o preço que ela devia pagar? Se sim, sei que ela estava feliz em pagar.

"Em vez de sufocar seu impulso missionário, a escuridão parecia revigorá-lo", observou Padre Brian em *Venha, Seja minha luz*. "Madre Teresa entendia a angústia da alma humana que sentia a ausência de Deus e ansiava por acender a luz do amor de Cristo no 'buraco escuro' de cada coração enterrado na miséria, solidão ou rejeição. Ela reconhecia que, independentemente de seu estado interior, o cuidado carinhoso de Deus sempre estava lá, manifestado através de pequenos favores que outros faziam por ela, ou conveniências inesperadas que acompanhavam seus empreendimentos." De fato, os pobres eram sua janela para Deus quando sentia que a porta estava fechada para ela. Como escreveu Padre Brian: "Na oração, ela se voltava para Jesus e expressava seu doloroso anseio por Ele. Mas era somente quando estava com os pobres que sentia Sua presença vividamente".

Os encontros extraordinários e sobrenaturais que a Madre teve com Jesus, e a prolongada noite escura da alma que se seguiu, eram seu segredo – uma questão particular entre ela e Deus. Ela descrevia seu chamado místico como "um delicado presente de Deus para mim", e explicou para uma irmã que nunca pôs em debate tal inspiração para as Missionárias da Caridade porque "quando você torna isso público, perde sua santidade". De fato, ela queria manter seu sofrimento para si, mas contou ao seu confessor que o próprio Deus insistiu que revelasse sua escuridão interior. Ela escreveu essas cartas para seus confessores, mas, como as experiências que relatou a eles não eram de natureza pecaminosa, elas estavam fora do sigilo "sacerdote-penitente", que teria mantido tais comunicações particulares e permanentemente confidenciais.

Instintivamente, a Madre sabia que palavras eram incapazes de comunicar "as profundezas de Deus" e que o simples fato de escrever tais coisas as diminuía. O grande teólogo medieval Tomás de Aquino descobriu essa verdade três meses antes de sua morte, quando recebeu uma revelação direta enquanto celebrava a missa. "Vi coisas que fazem tudo o que escrevi ser palha", declarou, e nunca mais escreveu.

A Madre também temia que os escritos se tornassem uma distração se viessem a público. "Por favor, não entregue nada de 1946", implorou ao Arcebispo Perier em 1957. "Quero que o trabalho continue sendo apenas dEle. Quando o começo for conhecido, as pessoas pensarão mais em mim – menos em Jesus." Ela implorou ao Padre Picachy: "Destrua tudo o que escrevi para você". Os apelos da Madre foram ignorados. O arcebispo e seus confessores mantiveram estrita confidencialidade durante sua vida, mas acreditavam que seus escritos deveriam estar no tesouro da Igreja Católica para todos conhecerem.

Embora as cartas tenham despertado muito interesse e até controvérsia durante seu processo de canonização, ao final, elas simplesmente permitiram uma maior compreensão de sua santidade. Sua vida, em última instância, foi julgada heroicamente virtuosa por diversos critérios: seu trabalho com os pobres, o testemunho dos que conviveram com ela, a profundidade de sua vida de oração e muitos outros. O fato de ela ter feito tudo isso enquanto, secretamente, estava faminta pelo amor de Deus, torna sua vida de fé ainda mais inspiradora. Para mim, estou feliz por as cartas terem sido preservadas. Elas me convidam a conhecer a verdadeira Madre Teresa.

A Madre conseguiu esconder seu segredo de suas irmãs e amigos sob o manto de seu sorriso. Alguns críticos sugeriram que, à luz do que agora se sabe sobre sua dolorosa vida interior, sua alegria pretendia enganar, assim como ela temia. Ela reconheceu isso ao seu confessor: "Sorrindo o tempo todo. Irmãs e pessoas observam isso. Acham que minha fé, confiança e amor estão abastecendo meu próprio ser e que a intimidade com Deus e a fusão à Sua vontade devem estar absorvendo meu coração. Como poderiam saber que minha alegria é o manto com o qual eu cubro o vazio e o sofrimento".

Seu manto enganou a mim e a outros próximos a ela. Ele também nos fez admirá-la ainda mais. "Ela sabia o quanto dependia totalmente de Deus para tudo", disse Irmã Nirmala dez anos após a morte da Madre. "Tinha total consciência de suas limitações, fraquezas, impotência e pecaminosidade. Ao mesmo tempo, sabia o quão preciosa era para Deus. E nada nem ninguém poderia separá-la dEle." Irmã Nirmala tinha certeza: "A Madre não duvidou de Deus, ela continuou a amá-Lo. Se você duvida de alguém, mais cedo ou mais tarde vai parar de segui-lo. Mas ela continuou a amá-Lo até a morte e a colocar em prática sua devoção".

Em seu livro *Mother Teresa's Secret Fire*[12], de 2008, Padre Joseph escreveu: "Ainda mais do que trazer Seu conforto para os pobres, Deus enviou Madre Teresa para *ser Sua luz*. Ele a convidou para armar sua barraca nos lugares mais sombrios, não para construir hospitais ou arranha-céus, mas para que ela pudesse brilhar com Seu esplendor". A alegria de Madre Teresa tinha raízes em sua vontade, e não em seus sentimentos. Certa vez, ela explicou: "Alegria é um sinal de uma pessoa generosa e mortificada que, esquecendo de tudo, até de si mesma, tenta agradar seu Deus em tudo o que faz pelas almas. Alegria normalmente é um manto que esconde uma vida de sacrifício [...]. Pois Deus ama quem se doa com alegria".

Em abril de 1942, a Madre fez um voto particular a Deus de "não recusar nada a Ele". Sua prática era "aceitar e oferecer" tudo o que viesse em seu caminho. Se Deus lhe desse enfermidade ou saúde, dor ou conforto, tristeza ou alegria, ela aceitaria e ofereceria de volta a Deus como seu presente. Cerca de nove meses antes de sua morte, em sua carta de Natal de 1996, ela reconheceu os problemas de saúde que a incomodaram ao longo do ano e sua aceitação: "Este ano foi um presente de Deus para mim. E estou feliz por ter algo a dar também a Jesus. Precisamos aceitar o que Ele dá, e dar o que Ele recebe com um grande sorriso [...]. Ele nos ama e sabe o que é melhor para nós. Não sei o motivo de tudo isso ter acontecido este ano, mas tenho certeza de uma coisa: Jesus não comete erros".

Essa filosofia simples guiou sua própria abordagem para administrar qualquer coisa, desde uma dor nas costas a um coração partido. Certa vez, uma mulher trouxe seu bebê de dez semanas muito doente para Madre Teresa e estava desesperada, soluçando: "Quero que meu bebê viva.

---

[12] Em tradução livre, *O fogo secreto de Madre Teresa*. (N.T.)

Quero essa criança". Calmamente, a Madre lhe disse: "Deus lhe deu esse grande presente de vida. Se Ele quiser que você devolva o presente para Ele, o faça de boa vontade, com amor". A menininha morreu cinco meses mais tarde, e a mãe sentiu que as palavras de Madre Teresa lhe deram forças para suportar a perda exigida dela. Ela tinha aprendido a aceitar e a oferecer.

Madre entregou tudo, e tudo o que possuía no fim era a escuridão da fé nua. "Muitas vezes acontece que aqueles que passam seu tempo dando luz aos outros permaneçam na escuridão", certa vez explicou às suas irmãs. Por quase cinquenta anos, ela aceitou isso como sua porção, sabendo que um dia a escuridão daria lugar à luz eterna, e ela seria sua portadora. "Se algum dia eu me tornar uma Santa", escreveu, "certamente serei uma de 'escuridão'. Estarei continuamente ausente do céu – para acender a luz dos que estão na escuridão na terra."

Capítulo 13

Dizendo adeus

"Prefiro a insegurança da Divina Providência."
– Madre Teresa

Em 26 de agosto de 1996, nasceu meu filho Maximilian. Madre havia previsto a data, em que seria seu octogésimo sexto aniversário. Naquele mesmo dia, seu coração falhou e ela precisou ser reanimada. Estava cada vez mais doente, e o coração e pulmões não conseguiam mais acompanhar seu ritmo incansável. Apenas alguns dias após o nascimento de Max, Irmã Priscilla ligou de Calcutá para Sandy McMurtrie para nos dizer que a Madre ainda estava no hospital e enfraquecendo rapidamente. Muito generosa, Mary permitiu que eu a deixasse com duas crianças e um recém-nascido para que eu pudesse me despedir. Encontrei Sandy no aeroporto de Dulles, nos arredores de Washington, e voamos para Calcutá para um último adeus à mulher que nos tinha mostrado a alegria de uma vida vivida pelos outros.

Irmã Priscila nos cumprimentou com uma atualização triste: "Madre não está muito bem hoje. Está de volta ao oxigênio". Quando chegamos à UTI do Hospital Woodlands, havia uma comoção entre as irmãs do lado de fora do quarto da Madre. Temi pelo pior. Uma das irmãs explicou: "Madre estava deitada em sua cama, de costas, apontando para o teto. Não podia falar por causa da máscara de oxigênio. Estamos todas nos perguntando para o que ela estava apontando. Era uma luz apagada? Estava tendo uma visão?

E Madre viu que estávamos confusas, tirou a máscara para o lado por um momento e disse 'Estou indo para casa. Estou indo para casa, para Deus'".

Entramos e fomos até a cabeceira da cama da Madre. Ela estava deitada, vestindo uma camisola quadriculada azul do hospital, com uma touca branca cobrindo o cabelo e a testa. Emaranhados ao seu lado, havia tubos intravenosos e eletrodos, e ela estava pálida por causa dos dez dias na UTI. Agarrava firmemente o rosário.

Sandy a cumprimentou primeiro e a Madre ficou feliz e surpresa ao vê-la. Eu usava uma máscara cirúrgica e a retirei por um instante para que pudesse me reconhecer. "Ah, vocês vieram até aqui para me ver!", nos disse. "Estou feliz que tenham vindo."

Eu estava ansioso para contar minha novidade: "Madre, Mary teve o bebê no dia do seu aniversário, como você falou. Temos nosso terceiro filho".

Ela respondeu sem um momento de hesitação: "Muito bom. Mas vá para casa! Fique com sua família!".

Todos os que estavam no quarto riram. Eu tinha acabado de viajar 14.400 quilômetros, e a Madre já estava me mandando embora. Garanti a ela que Mary estava bem – minha mãe estava com ela – e que ficaria em Calcutá apenas alguns dias. Ela ficou satisfeita. Então levantou a cabeça do travesseiro, estendeu o braço e me abençoou, colocando a mão esquerda em minha cabeça, já que a direita estava imobilizada pelos tubos intravenosos. Beijei sua mão e me despedi.

Nos três dias seguintes, participei da missa particular que era celebrada no quarto da Madre todos os dias, às 6h, simultaneamente à que acontecia na capela do convento. Na semana anterior, a Madre havia pedido (usando caneta e papel, já que ainda estava no respirador) que as irmãs trouxessem a Santa Comunhão para ela, e elas transformaram o quarto em uma capela. Em frente à cama, colocaram um pequeno tabernáculo onde repousava o Santíssimo Sacramento. Católicos acreditam que estar na presença do pão consagrado é estar na presença do próprio Jesus. Ele estava coberto por um véu de renda branco, com uma grande medalha representando o Menino Jesus, que mais tarde a Madre me deu para o recém-nascido Max.

Ao lado do tabernáculo, abaixo de um crucifixo simples, dois ícones encostados contra a parede. Eram os favoritos da Madre: imagens de Maria como "Imaculado Coração" e como "Nossa Senhora de Guadalupe". A cada manhã, na missa, eu me posicionava de modo que pudesse observar sua fervorosa devoção. Ela fixava o olhar nas imagens de Maria ou no tabernáculo. Quando chegava a hora da Santa Comunhão, se esforçava para levantar a cabeça do travesseiro para receber a hóstia, como se estivesse saindo ao encontro de seu Convidado Sagrado.

Em meu último dia, Padre Gary Duckworth, um dos fundadores dos Padres MC, anunciou que celebraria uma missa pela cura dos enfermos. "Você quer dizer, moribundos?", Madre brincou. "Diga a Ele para não me deixar doente de novo!" No fim da missa, ele administrou à Madre o Sacramento da Unção, o que antes era conhecido como o último dos ritos. Quando voltei à tarde, ela estava muito melhor, sentada numa cadeira, comendo pudim e vestida com um hábito branco, com um rosário no pescoço.

Conversamos sobre Mary e nossos três meninos: James, Joseph e Maximilian (de quatro e dois anos e de oito dias, respectivamente).

"Um deles deveria se tornar sacerdote", ela me disse.

"Madre, se um deles se tornar sacerdote, você vai à ordenação?"

Todos riram, inclusive a Madre. "Sim", prometeu. "Estarei lá, seja do céu ou na terra."

Duas irmãs me contaram que a Madre tinha dito aos médicos que seu "coração pertencia a Deus" e que não queria mais nenhum tratamento médico. Ela disse às irmãs: "Se algo vai me acontecer, que aconteça em casa. Quero morrer naturalmente". Dois dias mais tarde, ela recebeu alta e retornou para o convento. Estava frágil e era forçada a usar uma cadeira de rodas a maior parte do tempo, mas estava em casa, onde poderia ter alguma privacidade e descanso sem interrupções.

Meu trabalho no ano anterior tinha sido com um grupo de advocacia que havia fundado na Flórida, chamado Envelhecer com Dignidade. Quando terminaram meus anos prestados, tentando administrar a burocracia dos serviços humanos e de saúde na Flórida, eu queria fazer algo que influenciasse o emergente debate nacional sobre suicídio assistido e melhorar os cuidados no fim da vida. Conversei com a Madre sobre como havia aprendido, em Kalighat e na Gift of Peace, que é sempre mais fácil matar alguém do que cuidar. Ela me encorajou a me opor ao suicídio assistido, promovendo cuidados em casas de repouso e, mais ainda, a focar no isolamento e solidão, que é a maldição de tantos idosos pobres e deficientes. Para promover minha nova empreitada, Madre escreveu uma carta aberta de apoio, pedindo às pessoas que ajudassem a "defender e proteger a vida, o mais belo presente de Deus, e a levar amor e compaixão aos idosos pobres". "Existem entre nós", escreveu, "tantos pobres e idosos necessitando de compreensão, respeito, amor e compaixão, em especial os doentes, deficientes, desamparados ou sozinhos. Minha oração é que Deus possa abençoar Jim e seu belo trabalho."

Com a consultoria de médicos geriatras, enfermeiras e capelães, criei um documento de planejamento antecipado de cuidados, chamado Cinco Desejos. Foi inspirado em minhas experiências na Gift of Peace e em Kalighat e no que a Madre me ensinara sobre os moribundos. Como a maioria dos documentos de planejamento de fim de vida, ele inclui um testamento e uma procuração duradoura sobre assistência médica para tratar das questões legais mais relevantes. Mas também abrange a gestão da dor, conforto, dignidade e perdão. Cinco Desejos pede às pessoas que considerem assuntos como "O que quero que meus entes queridos saibam" e "Como eu quero ser lembrado". Reconhece que morrer não é apenas um momento clínico, mas um momento profundamente emocional e espiritual – uma verdade a qual a Madre dedicou boa parte da vida. Vê-la envelhecer fundamentou tudo o que fiz na Envelhecer com Dignidade ao longo dos últimos 25 anos.

A Madre tinha sua bússola – sua fé pueril em Deus – e a certeza de que estava em uma jornada ininterrupta de Deus de volta para Deus. Ela preparou a despedida definitiva de sua amada comunidade MC e seu alegre retorno para a casa do Pai por meio de uma vida de oração rigorosa e disciplinada que a manteve em um perpétuo estado de prontidão.

Para Madre Teresa, ação e oração eram inseparáveis. O trabalho que fez, o sofrimento físico e a sensação de abandono de Deus que enfrentou, a alegria que exalava – tudo era parte da permanência com o Senhor. Ela experimentou seu próprio anseio por Deus como uma profunda sensação de sede, assim como Ele tinha sede por almas. *Tenho sede* – as palavras de Jesus para ela naquele trem para Darjeeling – estava inscrito na lateral do crucifixo de cada capela das Missionárias da Caridade pelo mundo como um chamado à oração e ao serviço para suas irmãs. A sede de Cristo era dela, para saciar e experimentar. O autor do Salmo 41 descreveu esse anseio:

Como a corça anseia pelas águas vivas,
assim minha alma suspira por vós, ó meu Deus.
Minha alma tem sede de Deus, do Deus vivo.
Quando contemplarei a face de Deus?

Em casa, no convento, em setembro de 1996, lentamente a Madre recobrou as forças e retornou às suas rotinas diárias. Dez semanas mais tarde, estava de volta à UTI em Woodlands. Um surto de malária e febre alta desencadeou outra rodada de sintomas cardíacos preocupantes. Em 22 de novembro, ela sofreu um infarto leve e foi transferida para o Centro de Pesquisa BM Birla Heart. Lá, os médicos reprogramaram o marca-passo, mas o corpo da Madre estava fraco demais para eles tratarem adequadamente de sua arritmia. Ela também foi submetida a uma angioplastia para remover bloqueios em duas artérias e começou a receber terapia regular de BiPAP para os pulmões altamente comprometidos – BiPAPs são pequenos respiradores que empurram ar para dentro dos pulmões enquanto o paciente usa uma máscara. A Madre aceitou esses tratamentos, mas não gostou. Seus rins também estavam começando a falhar. O corpo da Madre estava desmoronando.

O arcebispo de Calcutá, Henry D'Souza, estava convencido de que seu espírito também estava em aflição. A Madre sofreu de agitação, desorientação e insônia durante essas semanas de hospitalização. Às vezes ela se debatia na cama, tentando tirar os fios do monitor cardíaco presos em seu corpo. Arcebispo D'Souza temia que ela "estivesse sob ataque do maligno" e pediu ao Padre Rosario Stroscio, um sacerdote salesiano, que rezasse por ela para que fosse libertada de qualquer ataque diabólico. Católicos chamam isso de exorcismo, embora não seja tão dramático quanto o que se vê nos filmes. As orações dele pareceram acalmar sua agitação.

Apenas algumas pessoas tomaram ciência do ocorrido. Ainda assim, em 2001, a CNN publicou a notícia "Arcebispo: Madre Teresa sofreu exorcismo" e deu a entender que ela tinha sido vítima de possessão demoníaca. O mal-entendido entre a mídia secular era compreensível. Se alguém acha que é tão provável existir um duende quanto existe o diabo, a distinção entre estar *atormentado* e estar *possuído* não parece ser importante. Mas o relato causou alvoroço. Arcebispo D'Souza e Padre Stroscio tiveram que esclarecer que Madre Teresa não "estava possuída por demônios" e nunca esteve. Ao mesmo tempo, Irmã Nirmala divulgou uma declaração caracteristicamente comedida: "Não temos certeza se ela estava realmente sendo perturbada pelo maligno ou por sua condição física e psicológica, pois estava muito doente e sob efeitos de medicação pesada; e também se forças diabólicas estavam tentando impedir o tratamento médico da

Madre", declarou. "O diabo não pode possuir quem está cheio de Deus e O ama e a todos os Seus filhos."

A Madre certamente acreditava na presença ativa do diabo no mundo. Ela tinha visto o maligno na mortificação de seus amados pobres. Em 1949, enquanto começava por conta própria, escreveu em seu diário como "o tentador" estava tentando enfraquecer sua decisão de fundar as Missionárias da Caridade. Certa vez me disse que estava incomodada com o que ouvira sobre o filme de Martin Scorsese, *A última tentação de Cristo*, de 1988. "Tão maligno esse filme", ela disse, mas o "mal", prosseguiu, "é um teste para um amor maior." Inquestionavelmente, a Madre foi testada ao longo de sua vida. Seu armamento era fé, amor e serviço. Se seu comportamento alarmante no hospital foi causado por reações aos remédios, baixos níveis de oxigênio ou tormentos do diabo – ou alguma combinação dos três –, ele permanece envolto em mistério.

Foi durante a estadia da Madre no Birla Center que cometi o maior erro em todos os meus anos representando ela e as MCs. Concordei com uma entrevista para o jornal *Independent*, de Londres. O repórter era casado com a dama de honra de minha esposa, então achei que podia confiar nele e quis ajudar. Falamos sobre a saúde da Madre e compartilhei minha opinião pessoal de que a Madre estava preparada para morrer e que alguns dos tratamentos médicos que estava recebendo eram contra sua vontade.

A manchete no dia seguinte foi: "Madre Teresa implora a seus amigos: deixem-me morrer". Fui citado extensivamente. A história era imprecisa; existe uma nítida distinção entre estar preparado para morrer e querer morrer. No entanto, minhas palavras perturbaram algumas irmãs. Pedi desculpas à Madre, às irmãs e aos bons médicos que cuidavam da Madre pelo meu mau julgamento em falar sobre a questão. Felizmente, estavam focados na vigília que mantinham à sua cabeceira e rapidamente superaram sua decepção comigo. Ainda estou zangado comigo mesmo pelo péssimo julgamento que demonstrei.

Era quase Natal, e, depois de quatro semanas de internação, Madre já estava farta da vida no hospital. "Arrume tudo. Vou para casa", disse à Irmã Nirmala Maria, uma MC irlandesa e sua enfermeira. Em 19 de dezembro, foi exatamente o que fizeram.

No convento, a Madre necessitaria de enfermagem 24 horas por dia, então as MCs chamaram Irmã Roni. Freira beneditina americana, Irmã

Veronica Daniels tinha cuidado da Madre intermitentemente, tanto nos Estados Unidos quanto em Calcutá por uma década. Quando se apresentou pela primeira vez como Roni, a Madre olhou de esguelha e perguntou incrédula: "Seu nome é Veronica e você deixa que a chamem de Roni?". Como todos nós, Irmã Roni amava a Madre.

Em dezembro de 1996, ela imediatamente voou para Calcutá, levando consigo um equipamento de respiração BiPAP para o convento. Naquela época, era algo impossível de conseguir na Índia. "Eu tinha uma mesa comprida como escrivaninha do lado de fora do quarto dela e, à noite, as irmãs colocavam um colchão sobre ela para eu dormir", relembra Irmã Roni. "Eu ficava com a Madre desde a hora em que ela acordava até a hora em que ia para a cama. Estava muito frágil, muito humana, adorável." Madre estava feliz em passar o Natal na companhia daqueles que mais amava: sua família MC. Reuniu forças para, da varanda do segundo andar, dar uma bênção natalina às suas irmãs e convidados reunidos no grande pátio abaixo. Irmã Roni ficou ao lado da freira doente para o caso de ela desabar, mas a fala da Madre, cheia de inspiração e referências das escrituras, transcorreu sem problemas.

Roni Daniels ficou até fevereiro. Madre estava estável, ainda que um pouco. A atenção total das MCs e da Madre estava nos preparativos para o próximo Capítulo Geral, uma reunião de todas as irmãs que acontece a cada seis anos para eleger uma superiora-geral. Em 1991, as irmãs não chegaram a um consenso e, relutantemente, a Madre serviu mais um período. Para sua alegria, em 16 de março de 1997, Irmã Nirmala foi escolhida para substituí-la. A Madre decidiu que deveria apresentar pessoalmente sua sucessora ao seu amigo Papa João Paulo II, em Roma. A viagem de maio acrescentaria o benefício de afastar a Madre do calor brutal que precede a estação das chuvas em Calcutá. (Apenas recentemente ela tinha concordado em colocar um ventilador em seu quarto.)

Quando chegou o dia da viagem, Madre estava com um forte resfriado. Dra. Patricia Aubanel – uma cardiologista de Tijuana que tratou da Madre pelo mundo – estava preocupada, achando que a viagem era imprudente, pois o coração e os pulmões da Madre pareciam disputar qual falharia primeiro. Irmã Gertrude, a segunda mulher a se juntar às MCs e médica, também desaprovou a ideia. Mas a Madre foi inflexível, e seu voto era o único que importava. As médicas se conformaram com a decisão e embarcaram no avião com medicamentos, oxigênio e uma série de equipamentos.

Obviamente, perto do fim do voo, a saúde da Madre havia se deteriorado rapidamente. Teve acessos de tosse. Vomitou. Teve dificuldades para respirar, pois os pulmões começavam a falhar, e as médicas administraram oxigênio. Miraculosamente, quando o avião aterrissou em Roma, a Madre estava recuperada o suficiente para andar parte do aeroporto, acenando para os passantes. O sonho de passar o bastão em Roma aparentemente a manteve viva durante tudo isso. Em junho, Madre Teresa apresentou Irmã Nirmala ao Papa João Paulo II em uma audiência privada. A Madre ficou muito feliz em poder apresentar formalmente sua sucessora ao Santo Padre. Ele perguntou se agora ela se aposentaria. Os três riram.

A Madre havia decidido prosseguir para cumprir alguns compromissos finais nos Estados Unidos. Poucos em sua comitiva concordaram com a decisão, mas nem mesmo um telefonema do Cardeal O'Connor, de Nova York, pôde dissuadi-la. Logo após chegar a Nova York, ela foi de ambulância a um ortopedista, que lhe ministrou uma dose de injeção epidural para aliviar as dores nas costas e aumentar sua mobilidade. Sob fortes objeções da dra. Aubanel e de Irmã Gertrude, a Madre tomou um avião para Washington naquela noite, com um cilindro de oxigênio no assento ao lado, para o caso de uma emergência.

Em 5 de junho, ela foi com Sandy McMurtrie e algumas irmãs ao Capitólio americano para uma cerimônia na Rotunda, onde o presidente da Câmara, Newt Gingrich, e o presidente *pro tempore* do Senado, Strom Thurmond, a presentearam com a Medalha de Ouro do Congresso, a mais prestigiada condecoração civil. Ela fez breves comentários à assembleia de congressistas, agradecendo a honraria. Foi seu último discurso público.

Não fui à cerimônia, mas Mary, as crianças e eu passamos um tempo com a Madre na Gift of Peace nos três dias seguintes. Ela raramente ficava longe de sua cadeira de rodas. O alívio que a epidural lhe dera estava passando, e a dor implacável e a osteoporose avançada formavam uma devastadora combinação. Ainda assim, ela sorriu e brincou com as crianças, como tinha feito em suas visitas anteriores. Mary perguntou: "Como consegue ser tão alegre sentindo tanta dor?". Madre respondeu: "Eu ofereço tudo".

Para seu retorno a Nova York, Sandy providenciou um avião particular, pois a Madre não podia permanecer sentada mais do que alguns minutos de cada vez. Madre foi embarcada no avião em uma maca, embora tenha conseguido descer a escada para cumprimentar as irmãs que a esperavam em Nova York. Diferentemente das idas anteriores ao Bronx, ela teve poucos compromissos. Tirando a visita de despedida, em 18 de junho, da Princesa Diana, a Madre, basicamente, descansou.

Em 24 de junho, tive minha última reunião com ela. Precisávamos discutir a questão do "NunBun" e também de um filme sobre sua vida que estava em processo de produção pela Hallmark. Quando foi levada para o salão do convento, esticou as mãos para me cumprimentar como sempre fazia, segurando meu rosto com as duas mãos e dizendo "Deus te abençoe". Mas eu estava com uma conjuntivite forte, então me afastei. "Não, Madre, não faça. Estou com o olho vermelho e é muito contagioso." Ela agarrou minha face sem hesitar. "Lepra, aids, eu não pego." Eu devia saber que a mulher que passou décadas cuidando de leprosos e segurando pacientes com tuberculose enquanto morriam jamais recuaria diante de um careca com os olhos vermelhos.

Sabendo que poderia ser minha última oportunidade, agradeci a ela por ser uma ponte entre os ricos e os pobres. Ela ficou em silêncio por um momento e então disse com certa resignação: "Ainda assim, tão poucos vêm e trabalham com os pobres. O que acontecerá com os pobres? Quem vai cuidar deles?". E depois acrescentou: "Logo estarei indo para o outro lado".

Nossa reunião se estendeu por duas horas e, por fim, uma das irmãs colocou as mãos no apoio da cadeira de rodas da Madre, um sinal para mim de que a reunião tinha acabado. Perguntei a Madre se poderia ficar mais um pouquinho. Minha família tinha ido comigo, pois sabíamos que seria sua última viagem aos Estados Unidos. "Madre", falei, "antes que vá embora, Mary e as crianças estão lá embaixo no pátio. Elas podem subir e receber sua bênção?"

Ao ouvir a palavra "crianças", ela se levantou da cadeira de rodas e olhou animada pela janela, na direção de onde estavam brincando. "Onde estão as crianças?", perguntou. Irmã Nirmala foi chamá-los, e Mary e os meninos subiram imediatamente. Ela deu a todos eles Medalhas Milagrosas e segurou cada um pela face em um último olhar de amor. Mary e eu beijamos suas mãos e agradecemos muito.

Depois que abençoou cada um de nós e começamos a descer a escada, ela nos chamou de volta. Tinha um presente: a seu pedido, Irmã Nirmala tinha retirado a representação da Sagrada Família em cerâmica que estava pendurada no quarto da Madre. Ela nos deu para pendurarmos em nosso lar.

Ao longo dos anos, tenho pensado muitas vezes na expressão da Madre quando olhou pela janela à procura de meus filhos. Estava cheia de alegria e paz de uma vida vivida pelos outros. Ela orava "Jesus, manso e humilde de coração, me dê um coração igual ao Teu", e sua oração tinha sido atendida.

A caminho de Calcutá, Madre Teresa parou uma última vez em Roma, onde viu o Santo Padre duas vezes. A primeira visita aconteceu na Missa Papal que ele ministrava na Basílica de São Pedro. Aconteceu, apropriadamente para o papa e a missionária, na festa de São Pedro e São Paulo. O Santo Padre fez um desvio de sua rota processional para ir em direção à Madre e abraçá-la. Ela estava na cadeira de rodas, mas se levantou quando ele se aproximou. As mãos dele tremiam levemente devido à doença de Parkinson que apressaria sua morte, oito anos mais tarde. O vínculo espiritual e a graciosa afeição deles eram lindamente humanos, bem como profundamente sagrados, e a foto deles se abraçando demonstrava inequivocamente a ternura e amizade entre esses dois futuros santos.

Seu segundo e último encontro ocorreu cerca de duas semanas depois, no escritório particular do Santo Padre. Irmã Nirmala e Irmã Nirmala Maria a acompanharam. "Me empurrem!", a Madre disse brincando enquanto deixavam a sala de espera ornamentada. Madre estava posicionada de frente para João Paulo. Após uma breve troca de gentilezas, o Santo Padre sentou-se e olhou para a Madre. Ele acenou com a cabeça de modo consciente e disse simplesmente: "Tenho sede".

O Papa realmente a entendia como ninguém. Ele sabia que essas palavras de Jesus na cruz tinham sido a inspiração teológica para tudo o que Madre Teresa tinha feito nos quase cinquenta anos desde que deixara os confortáveis confins do claustro de Loreto. Sabia que ela não tinha feito trabalho social nas ruas de Calcutá. Suas obras eram, como ela frequentemente dizia, sua forma "de saciar a sede de Cristo por amor e almas".

Era hora de a Madre se despedir do pastor que parecia ser sua alma gêmea na terra. Ela se inclinou para beijar o anel papal, e ele se inclinou para abraçá-la. Mais tarde, ela perguntou à Irmã Nirmala Maria: "Ele beijou minha cabeça?" – e ficou encantada ao saber que ele a tinha beijado. De todas as honrarias e reconhecimentos que recebera na vida, nenhum tinha significado maior para ela do que o fato de o sucessor de São Pedro se importar tanto com ela, pessoalmente.

Quando chegou a Calcutá, em 22 de julho, foi recebida no aeroporto por um grupo de irmãs que lhe eram mais próximas, assim como seu médico pessoal de longa data, dr. Alfred Woodward. Ela o cumprimentou dizendo: "Agora, meu trabalho está feito".

Capítulo 14

Indo para casa

"A morte é algo lindo: significa ir para casa."
– Madre Teresa

Na parede em Kalighat há um quadro com os dizeres: "O maior objetivo da vida humana é morrer em paz com Deus. Madre". Durante muitos anos, essa foi a única das ideias da Madre na qual eu não acreditei totalmente. Ter paz de espírito e tranquilidade na hora da morte é um objetivo valioso, mas isso nunca me pareceu algo em torno do qual construir uma vida. E nem mesmo parecia ser o grande objetivo *dela*. Com frequência, ela falava na busca de santidade, em escolher o céu, em se tornar uma santa, como os mais altos chamados.

Levei anos para entender que a "paz" que ela descrevia não era um destino ou um estado de espírito, mas sim uma busca, uma forma de vida. Por fim, ela me ensinou que a melhor forma de *morrer* em paz com Deus era aprender como *viver* em paz com Ele, como indivíduo e como membro da família humana. Em outras palavras: Madre via a vida como uma longa preparação para o que seus pais pediram para ela em suas orações no batismo: vida eterna.

Pessoas de todas as religiões têm se debatido há milênios sobre como descrever "vida eterna". Quando tinha nove anos, meu filho Joe levantou a questão. Voltávamos da missa de domingo e ele estava reclamando que tinha demorado muito. Mary refletiu: "No céu, não vamos passar apenas uma hora, passaremos a eternidade louvando e agradecendo a Deus". Joe, mal-humorado no banco traseiro, disse: "Não é grande coisa pra se querer tanto".

O Papa Bento XVI reconheceu esse dilema em sua encíclica de 2007, *Spe Salvi* "salvos pela esperança". "Mas viver sempre, sem um termo", observou, "acabaria por ser fastidioso e, em última análise, insuportável." Em vez de "uma sucessão contínua de dias do calendário", ele sugeriu que a eternidade seria "algo parecido com o instante repleto de satisfação, no qual a totalidade nos abraça e nós abraçamos a totalidade". Ele comparou a "mergulhar no oceano do amor infinito, no qual o tempo – o antes e o depois – já não existe".

Não tenho certeza se mergulhar no "oceano do amor infinito" satisfaria Joe aos nove anos, mas se alinha perfeitamente com a concepção de Madre Teresa de vir e voltar para Deus. Amor era sua vocação. "Fomos criados por Deus para grandes coisas, para amar e ser amado", ela dizia regularmente, tanto em discursos quanto em conversas. Ela sentia que amar e ser amado era mais importante do que demandas materiais da vida; mais importante do que comida, abrigo ou vestuário.

Para ela, o céu era uma realidade social, uma comunhão de pessoas em Deus. Muitas vezes falava sobre como ansiava ver a mãe, a irmã e o irmão no céu, para estar com eles pela eternidade. Ela rejeitava a ideia de que havia uma estrutura de classes no céu, onde a elite espiritual residia em uma esfera, separada do restante dos eleitos. "Uma coisa que tenho certeza é de que não há níveis assim no céu", disse a Sandy McMurtrie certa vez, quando estavam viajando de carro. Madre via o céu como uma restauração da perfeita unidade de Deus e do homem, que havia sido estabelecida no momento da criação e que fora rompida pela queda de Adão e Eva. Esse era o lar que ela buscou a vida inteira.

Tal esfera de ser está além da concepção e comunicação de nossa mente finita. No entanto, Madre Teresa acreditava que "o reino de Deus" poderia ser experimentado, embora imperfeitamente, nesta vida pelos breves momentos de sublime maravilha que todos encontramos em algum ponto de nossa jornada. Me lembro de uma manhã em Washington, quando uma mãe trouxe seu bebê para Madre Teresa abençoar. Ela olhou nos olhos do bebê e acariciou sua cabecinha como se estivesse contemplando a face de Deus. Ali havia um "oceano do amor infinito". Uma amostra do reino vindouro parecia inundar a Madre naquele momento.

O hino *Abide with Me*[13], de Henry Francis Lyte, capta a experiência da Madre desta vida e a expectativa da próxima (a primeira vez que eu o ouvi foi na missa do funeral da Madre, onde um coro de irmãs o cantou enquanto seu corpo era levado para fora da arena). As palavras do primeiro e do último versos retratam perfeitamente o anseio de seu coração:

Fica comigo; cai rapidamente o entardecer;
A escuridão se aprofunda; Senhor, permanece comigo.
Quando outros ajudantes falham e o conforto foge,
Socorro dos desamparados, oh, fica comigo.

Segura Tua cruz diante de meus olhos fechados;
Brilha na escuridão e me aponta para o céu.
A manhã do céu rompe e as sombras vãs da terra fogem;
Na vida, na morte, oh, Senhor, fica comigo.[14]

A escuridão e a melancolia cada vez mais profundas, a ausência de conforto e as sombras de sua própria mortalidade que se aproximavam não pareciam assustar ou preocupar a Madre nem um pouco. Ela esperou a morte como se espera uma entrega dos correios, mantendo um olhar atento, enquanto se consumia em suas atividades missionárias. Parecia estar pronta a deixar este mundo a qualquer momento. Havia muito tempo sua saúde era precária; durante os anos de nossa convivência, ela quase morreu praticamente uma dúzia de vezes de infartos, pneumonia e malária. Cada vez que nos despedíamos, me perguntava se a veria novamente. Em uma ocasião, em 1995, me despedi imaginando que poderia ser a última vez, e ela respondeu sem rodeios: "Estou de malas prontas".

Embora a Madre estivesse de malas prontas, suas irmãs não iam deixá-la ir embora sem resistir. Em setembro de 1997, tinham estocado no convento uma vasta gama de medicamentos e equipamentos de emergência. Irmã Dominga, que se juntou ao grupo no início dos anos 1980 e tinha se

---

13 Em tradução livre, *Fica comigo*. (N.T.)
14 Tradução livre da letra do hino. (N.T.)

tornado líder entre as Missionárias da Caridade, foi bem franca: "Se Deus quiser levar a Madre, é melhor Ele vir quando ela estiver sozinha".

Isso não seria uma tarefa fácil. As irmãs cuidavam da Madre dia e noite. Ela sempre fora a doadora e a serva, sempre se sacrificara por elas. Mas, conforme seu corpo falhava e ela ficava a cada dia mais incapacitada, a Madre tornava-se mais dependente das irmãs. E essa inversão de papéis era uma oportunidade imperdível para elas retribuírem amor com amor.

Agora elas podiam pegar sua mão e beijá-la. Agora poderiam ajudá-la e se vestir de manhã e novamente à noite. Refeições eram trazidas ao seu quarto. Missas eram celebradas ao lado de sua cama quando sua saúde exigia. As irmãs a ajudavam a ir para a cama cedo e a encorajavam a não ser a primeira a chegar na capela pela manhã. Tinham um cuidado especial para administrar a grande quantidade de medicamentos e disputavam quem tinha permissão para empurrar sua cadeira de rodas. As irmãs se deleitavam em mimar a Madre.

Em suas últimas semanas, quatro irmãs estavam especialmente focadas nos cuidados da Madre. Irmã Gertrude era a mais velha entre as irmãs, desde a morte da Irmã Agnes, em abril de 1997. Nos primeiros anos de irmã Gertrude com as MCs, a Madre sugeriu que ela cursasse a faculdade de medicina para poder prestar assistência médica aos moribundos de Kalighat. Madre Teresa agora se tornara sua paciente. Naqueles últimos dias, Irmã Gertrude alternava os cuidados e acompanhamento da Madre com Irmã Shanti, também médica, e Irmã Luke, superiora de Kalighat havia muito tempo. E, ajudando e atendendo a todas as necessidades da Madre incansavelmente, estava Irmã Nirmala Maria. Ela tinha sido irmã em Loreto antes de seguir os passos da Madre, em 1989, e frequentemente viajava com ela durante seus últimos anos. Agora era responsável por conseguir que sua paciente relutante engolisse mais de uma dúzia de comprimidos por dia e administrar a terapia respiratória diária com o BiPAP. A batalha diária de vontades com relação ao BiPAP exigia desenvoltura. A Madre consentia, desde que durasse o tempo do rosário, e Irmã Nirmala Maria acrescentava "Ave-Marias" extras para prolongar as sessões.

Durante as últimas semanas de sua vida, em agosto e setembro de 1997, a Madre se deleitou na companhia de suas irmãs como nunca antes.

Seu último jantar com as irmãs foi numa quarta-feira, 3 de setembro, dois dias antes de sua morte. Ela tentou renunciar ao seu lugar privilegiado à mesa, em deferência à sua sucessora, mas Irmã Nirmala não permitiu. Madre nunca seria apenas uma irmã comum. A noite contou com o pudim favorito da Madre, preparado especialmente para ela pelas MCs que viviam e trabalhavam em um orfanato a quase um quilômetro do convento. Ela recebeu uma porção generosa e gostou imensamente. A gulodice da Madre era eternamente jovem.

O pudim seria a última sobremesa que ela desfrutaria. Sua saúde piorou naquela noite. Por volta das 22 horas, passou muito mal, vomitando e passando a maior parte das seis horas seguintes no banheiro. Sua pressão arterial explodiu para 20/8. Suas dores nas costas, que ela chamava de "sua velha amiga", voltaram com força total.

Às quatro horas da manhã, ela finalmente conseguiu dormir. Estava exausta demais para ir rezar na capela com as irmãs às seis horas, mas uma missa foi celebrada em seu quarto às onze. À tarde, na hora do chá que se seguia ao almoço e ao cochilo, as irmãs lhe trouxeram um pouco de alimento, que ela comeu, e, depois disso, Padre Mervyn Carapiet veio e ouviu o que seria sua última confissão. Qualquer penitência que possa ter dado à Madre, não poderia ser mais punitiva do que suas dores nas costas. Os analgésicos e as bolsas de água quente que as irmãs aplicavam em suas costas não eram páreo para o furor de sua "velha amiga". Como tinha dormido muito pouco na noite anterior, a Madre terminou seu jantar leve e foi para a cama em seguida.

Os Evangelhos descrevem meticulosamente a paixão e morte de Cristo, assim como o Antigo Testamento relata os últimos atos e conversas de Moisés, Davi, Elias e outros profetas. Católicos têm honrado essa tradição e registrado em detalhes as mortes dos santos, incluindo suas últimas palavras e ações para dar testemunho de sua santidade e encorajar os fiéis.

O dia 5 de setembro de 1997 caiu no que as MCs comemoram como "primeira sexta-feira". Desde o fim do século XVII, a Igreja Católica promove uma devoção especial ao Sagrado Coração de Jesus na primeira sexta-feira de cada mês, acompanhada por práticas penitenciais, para celebrar Seu amor e Sua misericórdia infinitos e reparar o pecado. Para as Missionárias da Caridade, isso significa uma hora de vigília especial de orações na capela até a meia-noite de quinta-feira, além de jejum no almoço do dia seguinte.

Madre Teresa acordou naquela primeira sexta-feira esperando seguir as práticas disciplinares da comunidade religiosa que construiu. Mas suas costas continuavam a atormentá-la e não pôde participar das orações matinais. Enquanto Irmã Nirmala Maria a ajudava a se vestir para a missa, deu-lhe alguns analgésicos para aliviar seu sofrimento, de modo que pudesse ir à capela com as outras irmãs. No fim da missa, Irmã Luke a levou para encontrar um casal de Bombaim que havia dias tentava uma visita particular e uma foto com a Madre. Madre tinha o costume de cumprimentar qualquer visitante que pedisse para vê-la, embora nunca tenha gostado de ser fotografada e declarava que, cada vez que uma foto dela era tirada, uma alma era liberada do purgatório. Ninguém pode saber quantas almas escaparam para o céu graças à paciência da Madre.

Madre voltou para seu quarto para um café da manhã com chá, pão e uma banana. Imediatamente depois teve sua primeira sessão de BiPAP do dia, com a duração exata de um rosário. Então se pôs a trabalhar. Primeiro, convocou uma reunião especial do concelho MC, o grupo governante de cinco irmãs eleitas por seus pares, às nove horas. Depois dessa reunião de uma hora, foi para sua escrivaninha e começou a assinar formulários autorizando mulheres a fazerem seus votos temporários e finais como MCs. Também assinou toda a correspondência preparada por Irmã Joel, sua secretária, que trabalhava próxima a ela há quinze anos. A correspondência tinha se acumulado porque durante muitos dias a Madre não conseguiu trabalhar na mesa. Ela insistiu em assinar pessoalmente suas próprias cartas e agradecimentos por doações, assim como sempre fizera. Se empenhou na tarefa e depois, como uma colegial orgulhosa após completar uma missão, levou a caixa de correspondências assinadas de seu quarto até a mesa de Irmã Joel, no escritório principal.

Ver Madre Teresa de volta às suas velhas rotinas após um dia tão terrível surpreendeu e animou as irmãs. Irmã Nirmala Maria então levou para a Madre uma bebida medicinal para rins, coração e pulmões.

Era por volta de treze horas quando a Madre foi para a capela para a oração do meio-dia. Ao final, ouviu os passos de um menininho correndo pelo corredor externo à capela e alegremente disse à Irmã Nirmala Maria: "Acho que tem alguém esperando por mim lá fora". O garoto era um menino de quatro anos, cuja avó trouxera uma amiga com a filha para ver a Madre. Tiveram um encontro improvisado no mesmo lugar onde conheci a Madre. A filha, que estava deprimida e tinha considerado o suicídio, fora com a mãe pedir à Madre que orasse por ela, para que conseguisse superar o distúrbio mental. Alegremente, a Madre concordou. Esses seriam os últimos visitantes a receber a característica bênção de mãos sobre a cabeça feita pela Madre.

Normalmente, a Madre teria ido almoçar, mas, por causa do jejum da primeira sexta-feira, não quis comer. Passara a vida seguindo meticulosamente a agenda e as regras de sua congregação religiosa e não estava disposta a se desviar delas. Conhecia o poder de liderar pelo exemplo, então, quando se tratava de jejuar ou não, insistia em não ser dispensada dos sacrifícios que as outras irmãs faziam. Quando as irmãs tentaram empurrar sua cadeira de rodas para dentro do refeitório onde o almoço a esperava, ela segurou nos batedores da porta para evitar a própria passagem. Por fim, Irmã Nirmala chegou e lembrou à Madre de sua própria política de longa data no convento: que todas as irmãs enfermas tinham que almoçar nas primeiras sextas-feiras. Foi só então que a Madre concordou. Essa pode ter sido uma batalha que perdeu alegremente; estava com fome após ter comido tão pouco no dia anterior. Comeu arroz e salada dos pratos trazidos à sua mesa e depois se retirou para seu cochilo da tarde.

Quando acordou, as dores nas costas estavam insuportáveis novamente. Tomou o chá na cama, apoiada em um cotovelo. Em seguida, se levantou e sentou-se à mesa para fazer sua leitura espiritual, como ditava a agenda diária das MCs. O céu escureceu lá fora e uma tempestade logo começou. Irmã Nirmala Maria fechou a janela e acendeu a luz para que a Madre continuasse a leitura. Ela também pediu à Madre que voltasse para a cama, pois ficar sentada era ruim para suas costas, mas a Madre resistiu. Foi preciso um gentil encorajamento de Irmã Nirmala para fazê-la obedecer. Seguiu-se outra sessão de BiPAP e de um rosário com Irmã Nirmala Maria.

Madre Teresa se submeteu ao odiado tratamento e depois se levantou da cama como se estivesse numa missão, dizendo que precisava terminar toda a correspondência que Irmã Joel havia preparado. Seu humor estava melhor e riu quando Irmã Nirmala Maria brincou que ela estava mais ocupada agora do que quando era superiora-geral. Nada deteria a Madre de limpar sua mesa naquela sexta-feira. Assinou notas de agradecimento a doadores até por volta das 16h30.

Com o trabalho finalizado, ela voltou para o quarto. Irmão Geoff, o líder dos Irmãos Missionários da Caridade, tinha vindo se despedir dela antes de partir para uma viagem a Cingapura. As irmãs que cuidavam da Madre achavam que tais visitas esgotavam suas energias, mas, como Irmão Geoff era parte da família, sabiam que tinham que ceder. Ele se encontrou com ela no quarto e partiu com um presente que ainda preza. Madre lhe deu uma imagem emoldurada do Sagrado Coração de Jesus que ela própria frequentemente venerava durante as sessões de BiPAP.

No entanto, durante o encontro, as dores nas costas da Madre pioraram. Os analgésicos não estavam fornecendo alívio. Irmã Nirmala Maria compartilhou sua preocupação com Irmã Shanti, que aprovou dar-lhe Lodine – um anti-inflamatório mais forte –, receitado por um médico quando a Madre estava em Nova York, três meses antes.

Pouco depois das dezessete horas, Madre Teresa foi levada na cadeira de rodas até a entrada do quarto para que pudesse acenar para a atriz de Bollywood, Shashikala, que estava de pé na varanda da capela na esperança de ter um vislumbre da futura santa. Mas sentar tinha se tornado tão doloroso que ela foi obrigada a voltar imediatamente para a cama. Irmã Shanti fez a Madre se deitar de lado, enquanto massageava suas costas, pressionando-a através de um travesseiro, de modo a não ferir a coluna frágil da freira ou seus ossos quebradiços. A Madre a exortou a esfregar mais agressivamente. "Pressione com força neste ponto", orientou, e Irmã Shanti obedeceu. "Muito bom", Madre respondeu. Enquanto administrava a massagem, Irmã Shanti rezava o rosário com a Madre, que muitas vezes não conseguia responder às orações, tão grande era sua dor.

Irmã Gertrude tinha passado a maior parte do dia fora e retornou por volta daquela hora. Madre lhe disse em um tom de seriedade fingida: "Você me abandonou!". Irmã Gertrude explicou que estava em *Prem Dan*, uma das missões das MCs. Então a Madre falou: "Minha velha amiga voltou", referindo-se às suas dores nas costas. Mas a Madre também parecia desorientada. Por três vezes disse à Irmã Gertrude: "Anda, vamos para casa". Irmã Gertrude gentilmente a corrigiu: "Mas, Madre, estamos em casa".

Ao longo dessa enfermidade, assim como em todas que a precederam, Madre Teresa tentou oferecer sua dor a Deus. Ela rezava enquanto sofria e tinha imagens acima de sua cama para ajudá-la a manter o foco: uma de Maria, mãe de Jesus; uma foto de Santa Teresa de Lisieux com a citação "Minha vocação é amar"; a imagem do Sagrado Coração; e uma pequena coroa de espinhos com uma cruz no meio. Nessa última noite de sua vida, tinha muita dor a oferecer. O Lodine não estava fazendo o efeito esperado, e as dores da Madre continuavam insuportáveis. Irmã Gertrude a viu beijar uma imagem de Jesus coroado com espinhos, que sempre interpretou como a Madre se identificando com Sua agonia e dor. Madre passou parte do fim da tarde ouvindo Irmã Gertrude ler um livro que estava em sua cabeceira: *Only Jesus*[15], de Luis Martínez, o primeiro arcebispo da Cidade do México.

Dezoito horas era o horário de a comunidade MC se reunir na capela para a eucaristia. Embora a Madre quisesse ir, as irmãs insistiram que ficasse na cama e não agravasse ainda mais suas costas. Ela orou um rosário com Irmã Nirmala Maria e depois falou ao telefone com sua amiga Sunita Kumar. Sunita havia ligado para pedir orações pelo filho, Arjun, que tinha sido diagnosticado com hepatite C. Durante a conversa, a Madre não mencionou que estava se sentindo mal. No fim da hora santa na capela, Irmã Nirmala trouxe a píxide contendo o Santíssimo Sacramento para a Madre, que o beijou com reverência e ternura, como se fosse uma última despedida. Então a Madre comeu um sanduíche no jantar em seu quarto e se preparou para voltar para a cama.

A tempestade só tinha piorado. O céu estava escuro como breu, e o vento uivava enquanto a Madre vestia sua camisola e passava talco, como era seu costume durante os meses mais úmidos. A temperatura no quarto caíra conforme a tempestade se aproximara, e ela ficou com frio. "Me cubra com o cobertor que você trouxe de Roma", pediu à Irmã Gertrude. O cobertor de lã tinha valor sentimental para ambas. Irmã Gertrude o tinha dado à Madre em Taizé, França, em 1976, durante um encontro inter-religioso onde milhares de jovens tinham rezado pela paz. Há muito era um dos favoritos da Madre, mas ela o tinha deixado na casa MC em Roma. Apenas recentemente, Irmã Gertrude o trouxera de volta para ela, em Calcutá.

Uma violenta tempestade agora castigava a cidade. Tempestades elétricas atingiram Calcutá com surpreendente ferocidade. Fiquei

---

15 Em tradução livre, *Apenas Jesus*. (N.T.)

assustado na primeira vez que vivenciei uma, mesmo tendo crescido com os furacões e tempestades diárias da Flórida. Em Calcutá, os raios chegam numa rápida sucessão e são ofuscantes. Os estrondos dos trovões ricocheteiam nos prédios de concreto e nas ruas, fazendo com que uma tempestade elétrica de fim de verão soe como o ataque a Londres[16].

A tempestade anunciava o início do fim para a Madre. Subitamente, ela não conseguia mais respirar. Enquanto estava sentada na beira da cama, ofegante, Irmã Gertrude verificou seus sinais vitais, ficando cada vez mais preocupada com seus pulmões. "Madre está sufocando na própria secreção", disse calmamente às outras irmãs. Todas correram para pegar os equipamentos de emergência que tinham guardado para esse momento, na esperança de dar assistência mecânica aos pulmões e ao coração da Madre.

No exato momento em que esse equipamento poderia ter feito a diferença, um magnífico raio atingiu a vizinhança e desencadeou uma queda de energia sem precedentes na sede. Não foi uma queda de energia comum. Eram comuns as quedas de luz no convento em Calcutá, mas, naquela noite, não apenas o sistema de energia principal parou de funcionar como também o de reserva, do qual as irmãs dependiam para emergências.

Era por volta de 20h30 e o convento estava às escuras. As irmãs foram buscar velas, mas precisavam ser cuidadosas próximo ao cilindro de oxigênio da Madre, que lhe fornecia um cateter nasal quase inútil. Irmã Shanti mandou alguém chamar dr. Woodward, que tinha vindo ao convento em muitas ocasiões anteriores atender à Madre em casos extremos. Ele e a esposa, uma enfermeira, largaram tudo e foram correndo.

Irmã Joel também correu até o escritório e ligou para a paróquia mais próxima, a Saint Mary – onde o trabalho original de Madre Teresa com os pobres havia começado –, para pedir a um padre que viesse imediatamente administrar os últimos sacramentos. Padre Hansel D'Souza estava sentado próximo ao telefone, esperando a ligação de um amigo, quando Irmã Joel ligou. Estava a apenas alguns minutos do convento e, na mesma hora, foi para lá.

Enquanto isso, as irmãs faziam o possível para cuidar de sua mãe inquieta e à beira da morte. O oxímetro era operado por bateria, mas os

---

16 Aqui o autor se refere aos ataques a Londres na Segunda Guerra Mundial. (N.T.)

números que mostrava à Irmã Nirmala Maria confirmavam que a situação da Madre era dramática. Em seu voo recente de Calcutá para Roma, a leitura de 85 havia causado alarme; agora estava abaixo de 50. Sua pulsação, normalmente em torno de 90, estava terrivelmente irregular, apontando 55, então 130, depois 200. Madre Teresa estava sentada à beira da cama, os olhos esbugalhados por sua luta em busca de ar.

Era evidente para todas que a vida de Madre Teresa estava se esvaindo, seu coração e pulmões estavam falhando. Irmã Luke se esforçava para separar os medicamentos de emergência com sua pequena lanterna. O aparelho BiPAP, que poderia tê-la ajudado a respirar e possivelmente prolongado sua vida, estava próximo, mas era inútil sem eletricidade.

Madre proferiu suas últimas palavras audíveis por volta das 20h45: "Não consigo respirar". Algo tão natural e normal a ser dito sob tais circunstâncias. Lá fora, a tempestade rugia inabalável, ainda assim, uma calma relativa desceu sobre a Madre. Estava cercada por suas amadas irmãs. Elas fizeram tudo o que podiam para deixá-la mais confortável, garantindo que um padre e o dr. Woodward estivessem a caminho. Enquanto esperavam juntas à luz de velas, derramavam seu amor em lágrimas e orações ansiosas.

Padre D'Souza foi o primeiro a chegar e imediatamente ministrou os últimos sacramentos à Madre, ungindo-a com os óleos sacramentais reservados para uma ocasião como aquela. Ela esteve consciente o tempo todo. Dr. Woodward chegou logo após a unção e começou seus preparativos para administrar medicamentos e intubá-la no quarto escuro e cheio. As irmãs se aglomeravam na cama da Madre, recitando orações que ela as tinha ensinado: "Sagrado Coração de Jesus, confio em ti" e "Maria, mãe de Jesus, seja mãe para a Madre agora". Segundo Irmã Gertrude, que segurava a cabeça da Madre no colo, os lábios dela pareciam se mover com essas orações; seus lábios também pareciam repetir "Jesus" o tempo todo. Sua voz não era audível porque seus pulmões não estavam mais funcionando.

Foram apenas cinco a dez minutos na escuridão, mas pareceram intermináveis. Quando as luzes voltaram, o quarto lotado se tornou caótico, pois todos corriam para ajudar. As irmãs aplicaram na Madre uma injeção de Deriphyllin para ajudá-la a respirar e outra de Lasix, para tratar do acúmulo de líquido nos pulmões, parte dos procedimentos de emergência que já estavam em andamento. Então a energia caiu novamente, dessa vez por dois minutos, exasperando as irmãs aflitas. Elas não podiam depender de nenhuma de suas intervenções médicas. A natureza seguiria seu curso, desimpedida.

A cabeça da Madre ainda descansava no colo de Irmã Gertrude enquanto as irmãs continuavam suas orações e exaltações a Deus. Às 20h57, Madre Teresa olhou para o lado, depois para cima e então fechou os olhos. Nunca mais os abriu. Tinha encomendado sua alma Àquele que a tinha criado e soprado vida em seus 87 anos. Tinha falecido em sua própria cama, cercada por suas irmãs, do jeito que queria.

Dr. Woodward fez o que os médicos são treinados a fazer em momentos como esse: tentou ressuscitar a Madre. A entubou, administrou uma injeção emergencial em sua artéria femoral e executou uma massagem cardíaca. O oxímetro ao qual ela estava conectada registrou uma batida de coração, o que deu um breve lampejo de esperança às irmãs no quarto. Mas a batida detectada era do marca-passo implantado anos antes. Logo dr. Woodward percebeu que dessa vez não haveria reanimação. A Madre já tinha ido para casa, para Deus. Ela estava na casa do Pai, segura, em paz, triunfante, livre.

Às 21h30, dr. Woodward disse à Irmã Nirmala: "Madre foi para Jesus". Ele a retirou das máquinas e declarou o óbito.

Madre esteve à beira da morte muitas vezes antes – mais tarde, dr. Woodward estimou umas dez ou doze vezes – e sempre se recuperou. O trovão que ouviram estourando por Calcutá agora seria lembrado como toques de trombetas celestiais anunciando a chegada de uma serva fiel. O céu já tinha esperado o suficiente.

Irmã Nirmala deu a notícia da morte da Madre às 250 noviças reunidas em oração na capela, em frente ao quarto da Madre. Um grito alto se levantou espontaneamente entre elas. Irmã Immacula, uma freira que estava com as noviças, disse que foi um lamento que teria abalado o coração mais duro. A combinação das bizarras quedas de energia com a confirmação de seus piores temores foi sufocante para as filhas espirituais da Madre.

E, no entanto, Irmã Nirmala disse que era impossível não pensar na Madre perante o trono de Deus e ouvir as palavras de Jesus que ela citara em incontáveis ocasiões durante sua vida: *Vinde, benditos de meu Pai, tomai posse do Reino que vos está preparado desde a criação do mundo, porque tive fome e me destes de comer; tive sede e me destes de beber; era peregrino e me acolhestes; nu e me vestistes; enfermo e me visitastes; estava na prisão e viestes a mim. Perguntar-lhe-ão os justos: "Senhor, quando foi que te vimos com fome e te demos de comer, com sede e te demos de beber? Quando foi que te vimos peregrino e te acolhemos, nu e te vestimos? Quando foi que te vimos enfermo ou na prisão e te fomos visitar?". Responderá o Rei: "Em verdade eu vos declaro: todas as vezes que fizestes isto a um destes meus irmãos mais pequeninos, foi a mim mesmo que o fizestes".*

Capítulo 15

Santa Teresa de Calcutá

"Pelo sangue, sou albanesa. Pela cidadania, sou indiana. Pela fé, sou uma freira católica. Quanto ao meu chamado, pertenço ao mundo. Quanto ao meu coração, pertenço inteiramente ao coração de Jesus."

– Madre Teresa

O Papa João Paulo II falou por todos nós nos dias que se seguiram à morte de Madre Teresa. Em sua primeira aparição pública após receber a notícia, saiu de seu roteiro preparado para falar, com a voz trêmula, de seu "exemplo luminoso" e acolhimento "dos corações dos moribundos, das crianças abandonadas, dos homens e das mulheres esmagados pelo peso do sofrimento e da solidão". Na missa do dia seguinte, ele lembrou sua amiga com afeição: "Ela vive em minha memória como uma pequena figura, cuja inteira existência foi a serviço dos mais pobres dos pobres, mas que esteve sempre cheia de uma energia espiritual inesgotável, a energia do amor de Cristo". Sua morte, diria mais tarde, "nos deixou a todos um pouco órfãos".

Foi exatamente assim que me senti. Estava em uma viagem de negócios na região de Tampa Bay, seguindo para o aeroporto para pegar um voo para casa, em Tallahassee. Tinha parado em um posto de gasolina para abastecer o carro alugado quando recebi uma mensagem urgente no meu pager de Jackie Roberts, minha assistente na Envelhecer com Dignidade. Encontrei um telefone público e liguei para Jackie, que me disse que a Associated Press tinha confirmado a morte da Madre. Comecei a chorar.

Fiquei surpreso com a intensidade da minha reação à notícia que esperava havia muito tempo. A Madre tinha 87 anos, realmente idosa para os padrões de Calcutá. Tinha gastado cada gota de si mesma todos os dias e vinha enferma havia muito tempo. Eu tinha ligado para o convento dois dias antes, e Irmã Priscilla dissera que a Madre estava bem, acordada e pronta para fazer seu trabalho. Porém, agora, o capítulo definidor da minha vida havia terminado. Não era de se admirar que eu não tenha conseguido parar de chorar na frente de uma loja da 7-Eleven no aeroporto de Tampa?

No entanto, os amigos da Madre aqui na terra ainda tinham trabalho a fazer. Apenas algumas semanas após sua morte, o Papa já estava expressando sua esperança de que ela fosse canonizada. Ele acelerou o processo através do qual a Igreja Católica declara alguém santo, dispensando a maior parte do período de espera de cinco anos exigido para iniciar uma consideração formal. Eu fui uma das 113 pessoas chamadas pelo Vaticano para testemunhar sob juramento, como parte da avaliação deles de que ela era merecedora de se juntar às fileiras dos eleitos.

Padre Brian Kolodiejchuck e Irmã Lynn, do convento-sede, lideraram uma equipe de MCs encarregada de preparar a documentação necessária pelo Vaticano para examinar seu caso. Em dois anos, eles reuniram 83 volumes, contendo 35 mil páginas de documentos, começando por sua certidão de batismo, e os submeteu à Congregação para a Causa dos Santos, do Vaticano. Contribuí para esse arquivo, entregando uma declaração de 56 páginas e mais 41 documentos, incluindo correspondências legais, memorandos para a Madre e nove cartas manuscritas dela.

Mary e eu fomos beneficiários não intencionais dessa varredura de ponta a ponta feita nos arquivos e registros do convento-sede. Em junho de 2000, recebemos um pacote de Calcutá. Ele incluía uma foto de nossa família que eu tinha enviado para a Madre anos antes. Em sua carta, Irmã Priscilla escreveu:

> Incluso, está um verdadeiro tesouro que encontramos outro dia em uma gaveta da escrivaninha da Madre. Nunca tínhamos mexido nela – então,

dois anos e meio depois, encontramos essa foto! Consegue imaginar? A Madre não guardava fotos ou, na verdade, nada! E ela guardou esta! Tenho certeza de que vocês vão guardá-la com estima!

Senti como uma mensagem de além-túmulo.
Voltei a Calcutá algumas vezes e rezei no túmulo da Madre, no piso térreo do convento. Tinha se tornado um destino turístico e um lugar de peregrinação, e, a cada dia, milhares de visitantes prestavam suas homenagens. Com frequência, Irmãs MC estavam entre eles. Apesar de sua fé cristã lhes assegurar que ela estava mais próxima delas do que antes, sentiam terrivelmente falta de sua presença física.

Mas elas continuaram o trabalho que Madre Teresa tinha começado e viram novos sinais da graça de Deus. No primeiro ano após a morte da Madre, onze novas casas foram abertas na Índia, África, América do Sul e Oriente Médio. Em dez anos, mil novas irmãs e mais de 150 novas casas foram adicionadas, conforme as Missionárias da Caridade expandiam seu alcance de 120 para 134 países.

Enquanto isso, o poder cultural de Madre Teresa não diminuiu. Diversos documentários, e até um filme longa-metragem, foram produzidos. Um dos melhores foi *The Legacy* (O Legado), de Ann e Jan Petrie, uma continuação de sua obra original, que incluiu imagens do funeral e do sepultamento. Inúmeros livros e artigos foram publicados sobre a Madre e suas obras. O serviço postal americano lançou um selo comemorativo em sua homenagem.

Depois da Madre, minha vida, por necessidade, se tornou mais séria e cheia de propósito. Enquanto ela estava viva, eu estava seguro em sua bolha protetora, e era impensável para mim fazer qualquer coisa que pudesse manchar de alguma forma meu relacionamento com ela. Adaptei a exortação de São Paulo ao povo de Corinto – *Tornai-vos os meus imitadores, como eu o sou de Cristo* – e tentei, do meu próprio jeito, imitar a Madre. Minha vida cristã tinha se enraizado à sua sombra, e, com sua morte, agora eu tinha que escolher entre colocar seus ensinamentos e exemplo em prática ou desperdiçar as graças que tinha recebido e voltar à mediocridade espiritual que conhecia.

Felizmente, as lembranças frescas dela e minha boa esposa fizeram com que não houvesse escolha para mim. E, além disso, tinha prometido à Madre quando ela estava na UTI em Woodlands que continuaria ajudando as MCs após sua morte. Essa promessa foi suficiente para me manter envolvido com o trabalho, e sempre havia muito a ser feito com as MCs, pois Jesus disse: *Os pobres vós tereis sempre convosco*.

Continuei monitorando esforços fraudulentos de arrecadação de fundos e uso não autorizado do nome da Madre. Um poema motivacional, "Do It Anyway"[17], foi atribuído a ela e reproduzido em pôsteres e cartões de oração, embora, na verdade, tenha sido escrito por Kent Keith. O tabloide *Weekly World News* publicou uma reportagem de capa com o título "As profecias do final dos tempos de Madre Teresa", que alegava serem baseadas em suas "previsões no leito de morte". Elas incluíam fome, canibalismo generalizado, uma guerra civil nos Estados Unidos, quarenta dias e quarenta noites de chuva vermelho-sangue e, no dia de Natal de 1998, o nascimento de "um novo Cristo" no Canadá. Tudo falso, é claro.

Embora tais notícias atraíssem pouco interesse, o anúncio do Vaticano, em 2002, de que Madre Teresa estava oficialmente a caminho da santidade, atraiu muito. O processo de canonização da Igreja Católica requer um passo intermediário de "beatificação" – uma descoberta formal pelo Vaticano que confirma tanto a "virtude heroica" do candidato quanto um milagre atribuído à sua intercessão junto a Deus. Para ser um milagre, de acordo com os critérios da Igreja, uma situação deve envolver a cura imediata, completa e sem explicação científica de um indivíduo, seguida a um apelo específico à intercessão do santo. A Congregação para a Causa dos Santos e sua equipe de médicos especialistas certificam todos esses eventos.

Levou menos de seis anos, após a morte de Madre Teresa, para que tudo isso fosse conferido: uma velocidade sem precedentes em Roma. Essa aprovação acelerada foi possível devido a uma mulher indiana, em Bengala Ocidental, cujo grande tumor abdominal desapareceu horas após a oração pela intercessão da Madre. Depois que esse milagre foi certificado, o Papa João Paulo II não perdeu tempo em agendar uma cerimônia pública em homenagem à sua amiga e aproximá-la mais um passo da santidade.

Para destacar a importância de Madre Teresa para ele pessoalmente, escolheu fazer a cerimônia de beatificação coincidindo com o vigésimo quinto aniversário de sua elevação ao papado. Foi planejada uma série de

---

17 Em tradução livre, *Faça assim mesmo*. (N.T.)

atividades durante o fim de semana, incluindo um concerto de orquestra para homenagear o pontífice enfermo e suas grandes realizações, mas tudo culminaria no domingo, no reconhecimento oficial da santidade de Madre Teresa. Certamente, o Papa desejava desviar a atenção de si mesmo e homenagear a mulher que admirava. Os Estados Unidos enviaram uma delegação presidencial, liderada pela cunhada do presidente George W. Bush e primeira-dama da Flórida, Columba Bush. O presidente, meu chefe na época, me pediu que participasse do grupo, que também incluiu proeminentes americanos católicos, como o ex-embaixador na Santa Sé Jim Nicholson; a comentarista política Peggy Noonan, e a professora de direito de Harvard Mary Ann Glendon.

Quando chegou o dia da missa de beatificação, em outubro de 2003, a Praça São Pedro estava lotada com cerca de 300 mil pessoas. O Papa João Paulo foi levado da Basílica para a praça em uma cadeira móvel, projetada especialmente para acomodar sua crescente deficiência em função da doença de Parkinson. Ele sabia que não viveria para ver a Madre canonizada, então não reteve nada em sua aclamação da amiga, chamando-a de um "ícone do Bom Samaritano". "Louvemos ao Senhor", exortou à multidão, "esta pequena mulher apaixonada por Deus, humilde mensageira do Evangelho e infatigável benfeitora da nossa época."

Tudo o que restava a ela para passar de "Beata" a "Santa" Teresa de Calcutá era que um segundo milagre fosse confirmado pelo Vaticano. O escritório do Padre Brian foi inundado com milhares de relatos de bênçãos extraordinárias – o que os especialistas do Vaticano chamam de "favores" em vez de verdadeiros milagres – atribuídas à intercessão da Madre. Experimentei meu próprio favor em 2009.

Eu era reitor do Saint Vincent College, na Pennsylvania, e precisei suspender um professor, padre beneditino, e notificar às autoridades depois de ter recebido evidências convincentes de que o sacerdote tinha visto pornografia infantil na rede da universidade. A defesa do padre foi que um aluno teria usado seu computador sem seu conhecimento para acessar o material abjeto. Ele alegou que apenas aceitou a suspensão para proteger o aluno, que havia admitido o pecado durante a confissão.

O campus ficou agitado em controvérsia, e muitos entre o corpo docente e discente estavam convencidos de que eu arruinara um homem inocente. Eu sabia mais, porque os registros recuperados de um programa *keylogger*, que registra as teclas pressionadas no teclado, apontavam para o professor, e não para o aluno, porém, para mim, com uma evidência tão circunstancial, e era difícil provar que ele estava mentindo. O padre havia criado tal alvoroço que anunciei que deixaria o cargo no fim do ano letivo para evitar que esse espetáculo desviasse a atenção dos alunos de seus estudos.

A confusão na faculdade estava me afetando e decidi dirigir quatro horas até Washington para estar com as Missionárias da Caridade na profissão dos votos finais de novos grupos de irmãs, que acontecia a cada dezembro. Estar com as MCs sempre refrescava minha alma, e era tudo o que eu precisava. Quando cheguei à Basílica da Imaculada Conceição, onde a missa aconteceria, desci até onde havia uma grande estátua de Madre Teresa. Me ajoelhei e derramei meu coração, insistindo que não poderia ser o plano de Deus que aquele padre fosse inocentado quando eu sabia que era culpado. Chorei perante a estátua da Madre, como tinha chorado perante seu corpo na Igreja Saint Thomas, uma década atrás. Após terminar minha oração, subi para a missa e depois visitei algumas irmãs que não via há anos. Com o espírito renovado, voltei para casa.

Em algum ponto ao longo da autoestrada da Pennsylvania, recebi uma ligação de Dennis Grace, meu braço direito na universidade, que tinha notícias urgentes: Eddie Dejthai, o chefe do centro de informação da universidade, havia recuperado dos bancos de dados uma série de fotos e e-mails altamente incriminatórios que o padre pensava ter deletado. Era a prova indiscutível de que eu precisava. Entreguei tudo ao Vaticano. Embora tenha levado alguns anos, a Congregação para a Doutrina da Fé, confiando fortemente nas evidências recuperadas por Eddie naquele dia de dezembro, destituiu o padre e o expulsou da vida monástica. O próprio Papa Bento XVI assinou a ordem final.

Estou convencido de que tudo isso aconteceu graças à intervenção da Madre. Como com os milagres no tempo de Cristo, pode-se explicar como coincidência o misterioso aparecimento de provas conclusivas contra o padre depravado apenas horas depois de eu ter orado para a Madre? Embora os funcionários da Igreja Católica que supervisionaram o processo de canonização da Madre considerem isso um favor, para mim foi um verdadeiro milagre.

Em dezembro de 2008, um brasileiro com diversos abscessos no cérebro tinha entrado em coma, sem expectativa de sobreviver. Sua esposa rezou à Madre Teresa, implorando desesperadamente por sua recuperação e colocando uma relíquia ao lado de sua cabeça, onde estavam os tumores. Enquanto os cirurgiões se preparavam para uma operação de emergência para aliviar a pressão craniana, o homem acordou e perguntou: "O que estou fazendo aqui?". Os abscessos tinham sumido. Ele estava completamente recuperado. Foi um milagre.

E sete anos depois, foi oficializado: o Vaticano reconheceu o seu segundo milagre. O Papa Francisco agendou imediatamente a cerimônia de canonização, e, cerca de seis meses mais tarde, recebi um telefonema de Calcutá. Era Irmã Lynn, uma das Missionárias da Caridade encarregada dos preparativos para o evento. Ela ligou para transmitir um pedido de sua nova superiora-geral: "Irmã Prema gostaria que você fizesse a primeira leitura na missa de canonização da Madre".

Aceitei, agradeci a Deus e liguei para Mary. Mas eu estava um pouco anestesiado – para começar, não merecia esse privilégio tanto quanto não mereci ser amigo da Madre. Pensei em todas as outras pessoas próximas a ela que mereciam essa honra e, mais ainda, em Irmãs, Irmãos e Padres MC que trabalharam ao seu lado.

Mas eu não questionaria o destino. Para mim, o convite para fazer a leitura na missa de canonização veio do alto, com a bênção, se não instrumentação, de Madre Teresa. Ela sabia o quão grato eu era por ela ter me permitido entrar em seu círculo de confiança e ter me tornado seu amigo, e esse novo privilégio simplesmente seria acrescido a essas bênçãos.

Em setembro de 2016, Roma estava em meio a uma onda de calor, e o clima fora de época fazia a cidade se parecer muito com Calcutá. Durante um ensaio para a missa, um monsenhor do Vaticano me disse que eu não deveria olhar para cima durante a leitura, "de modo a não prejudicar a transmissão da palavra de Deus ao povo". Mas, quando cheguei ao pódio, olhei para a leitura do Livro da Sabedoria e depois olhei para a frente – apenas por um instante – para a vasta multidão assando sob o sol implacável. E me preparei para não engasgar.

O eco das minhas primeiras palavras através das colunas Bernini me lembrou de que eu precisava desacelerar. O Papa estava sentado bem atrás de mim. Foi um momento extraordinário. Ainda assim, quando voltei ao meu lugar, foi impossível não pensar nos momentos comuns com a Madre. Me lembrei dela sentada ao meu lado em meu Honda Prelude vermelho 1982; sentada à minha frente em um voo para San Diego comendo frango frito da KFC; orando intensamente de joelhos na capela do convento; esfregando o peito de um homem morrendo de aids na Gift of Peace.

Havia um enorme retrato da Madre pendurado acima de onde o Papa Francisco estava sentado. A retratava com uma auréola, uma vez que agora havia se juntado à companhia dos eleitos, pessoas que venerou durante sua vida – Maria, José, Pedro e Paulo; sua xará Teresa de Lisieux; e todos os outros santos. A ironia disso me impressionou porque a Madre nunca pensou em si como alguém especial ou digna de louvor. Ela era uma criada, uma serva ou, como colocou com seu jeito inigualável, "um lápis na mão de um Deus amoroso". Ela se via como o "servo inútil" do Evangelho, que não fez mais do que a sua obrigação. A obrigação da Madre era a busca da santidade. "Santidade não é um privilégio de poucos, mas a responsabilidade de cada um de nós", me disse várias vezes. Ela cumpriu seu dever, assim como muitos antes dela cumpriram e muitos continuam a cumprir. A procissão dos santos não está limitada aos canonizados.

Muitas mulheres agora em descanso marcharam com a Madre pelo mesmo caminho de santidade e alcançaram a mesma glória. Também suas irmãs fizeram o que lhes foi pedido e, muito certamente, já desfrutam do *Reino que vos está preparado desde a criação do mundo*. Não importa se não receberam aclamação pública ou cerimônia em Roma: Deus conhecia suas vidas e, certamente, as julgava dignas.

Padre Celeste Van Exem, o conselheiro espiritual mais próximo da Madre, poderia legitimamente ter reivindicado ser o cofundador das Missionárias da Caridade. Ele está enterrado em uma cripta em um cemitério de Calcutá, a poucos quilômetros do convento-sede. Seu lugar de descanso está coberto de ervas daninhas e é quase impossível de ser encontrado. Se o achar, verá seu nome gravado numa parede, o último dos nove jesuítas listados e sepultados ali. Seu lar na eternidade estava assegurado, e isso é tudo o que importa.

A Madre sabia que sua vida não se referia a ela. Chamava o que fazia de "uma gota no oceano" e acreditava nisso também. Mas sabia que sua insignificância servia como um instrumento para a grandeza de Deus. Seus propósitos eram simples: ela veio de Deus e partiria para casa, para Deus. Ela era apenas uma na misteriosa procissão de pessoas, ao longo do tempo e através das culturas, que trilharam o caminho para a santidade, fazendo pequenas coisas com muito amor.

Para mim, nos 37 anos desde que a conheci – ao que chamo de vida "depois da Madre" –, o caminho para a santidade significa imitá-la. Ela é minha bússola. Com frequência me pedia que orasse para que ela não "estragasse o trabalho de Deus", e eu rezo todos os dias para não desperdiçar o presente que Deus me deu: a Madre. Incluo em minhas rotinas diárias pequenos lembretes da mulher de quem tive a sorte de ser amigo. Tento usar algo azul todos os dias, assim como ela fazia. Seguro meu rosário quando estou na igreja e ando rapidamente quando trabalho, assim como ela. Todas as noites leio o Evangelho para a missa do dia seguinte, como ela fazia, e todas as manhãs recito a mesma oração que ela rezava ao acordar.

Ó Jesus, pelo coração puríssimo de Maria,
Lhe ofereço as orações, obras, alegrias e sofrimentos deste dia
Por todas as intenções de seu Coração Divino,
Em união com todas as missas sendo oferecidas em todo o mundo católico.
Ofereço a você meu coração.
Faça-o manso e humilde como o Seu.

A Madre gostava de lembrar aos seus amigos: "Se você está muito ocupado para orar, está ocupado demais". (Ela dizia isso com frequência; e eu ignorei com muita frequência.) Em meu escritório e em casa, tenho fotos dela por todos os lados. As orações de nossa família sempre terminam: "Madre Teresa de Calcutá, orai por nós". Madre disse a Mary e a mim para sermos santos e fazer de nosso lar outra Nazaré. Como presente de casamento, nos deu um ícone religioso emoldurado com a seguinte inscrição: "Sempre orem juntos e vocês permanecerão juntos". Mary e eu temos feito isso, e nossos trinta anos de casamento são nosso testemunho vivo da mulher que tem sido nossa estrela-guia.

Não sou nenhum santo. Nunca serei tão bom e gentil quanto foi Madre Teresa, não importa o quanto eu tente. Mas também sei que posso ser melhor do que sou: mais devoto, menos egoísta, mais humilde, menos mundano, mais apaixonado por Deus e menos por mim mesmo. Enquanto estava em sua companhia, era o melhor que podia ser. Eu via o bem que era capaz de viver, como se a santidade dela me afetasse um pouco. Ela se foi há um quarto de século, e eu ainda me sinto órfão.

Às vezes, me vejo como o homem no Evangelho que, ao buscar cura para o filho doente, foi lembrado por Jesus de que tudo é possível ao que crê; e o homem gritou: "Creio! Vem em socorro à minha falta de fé!". Em tais momentos, penso na Madre e em tudo o que ela me ensinou. Estou crescendo na fé, graças a Deus, enquanto tento viver tão vigorosamente quanto ela viveu. Ela dizia às suas irmãs para dar-se até doer e amar até doer. É para isso que eu me esforço. Tento fazer coisas extras – assumir tarefas extras, estar disponível o tempo todo para as crianças, dizer sim todas as vezes que as MCs me pedem que faça algo e realizar trabalho prático para pessoas necessitadas sempre que posso. Quero estar exausto quando vou para a cama.

Encontro muito consolo na percepção de que, de alguma forma – principalmente devido às boas influências da minha esposa e família, de meus amigos e mentores espirituais, e até de inimigos –, me tornei uma pessoa melhor, um cristão melhor, uma melhor versão de mim mesmo. Sou um doador, não um coletor. Com a ajuda do exemplo de Madre Teresa na terra e de suas orações do céu, posso continuar sendo um doador. Mas ainda há muito trabalho a ser feito.

Epílogo

O trabalho continua

"Ontem se foi. Amanhã ainda não veio.
Temos apenas hoje. Vamos começar."
– Madre Teresa

Em um dia frio de outubro, 75 irmãs das Missionárias da Caridade entraram na Igreja Old Saint Patrick, em Lower Manhattan, para a missa do meio-dia. Estavam acompanhadas de diversas mulheres idosas indigentes de um lar das MC a alguns quilômetros de distância, bem como de voluntários de longa data e de outros fiéis católicos. Todos tínhamos vindo celebrar o quinquagésimo aniversário da abertura da primeira missão de Madre Teresa nos Estados Unidos, em 1971.

A igreja mal estava pela metade, e não havia representantes da cidade ou da hierarquia católica – um contraste dramático com os dias em que Madre Teresa participava de tais missas e multidões enchiam os santuários, cardeais e bispos celebravam as liturgias e a mídia se aglomerava para captar qualquer vislumbre dela. Mas a falta de alarde acrescentou intimidade à ocasião. Como Madre havia nos ensinado, o trabalho das MCs era "para a glória de Deus e o bem de Seu povo", e não para o apreço do mundano.

Sandy McMurtrie, Mary e eu pegamos um trem cedo em Washington para comparecer ao jubileu de ouro. Quando a missa começou, as vozes das irmãs do coro me fizeram lembrar das vozes angelicais que ouvira em minha primeira missa em Calcutá, muito tempo atrás. Ao final, as irmãs fizeram uma procissão pelo corredor central, duas a duas, cada uma levando uma flor, e cada flor foi depositada em um dos dois vasos. Quando a procissão terminou, as flores individuais das freiras haviam formado dois arranjos florais magníficos, como pequenos atos de amor se unindo ao longo do tempo para formar algo belo para Deus.

A recepção que se seguiu no pátio parecia uma reunião de família. Vi Irmã Manorama, a primeira MC que conheci em Washington, em 1985. Estava com setenta anos e tinha servido em diversos lugares, desde Sanaa, no Iêmen, a New Bedford, Massachusetts, onde ajudava a administrar um abrigo MC para mulheres e crianças. Irmã Tanya, a acompanhante de Madre Teresa em seus encontros com a Princesa Diana, tinha vindo para a celebração, embora ainda estivesse se recuperando de uma estadia na UTI devido à covid. Também visitei Irmã Maria Chandra, uma hindu convertida que não via desde os dias em que recebemos juntos os primeiros pacientes de aids na Gift of Peace. Essas velhas amigas circulavam com as irmãs mais novas, que não tiveram a oportunidade de conhecer Madre Teresa, mas que, mesmo assim, se sentiam chamadas por Deus para seguir seus passos.

As irmãs sabiam muito bem que não poderiam ter feito tudo o que fizeram pelos mais pobres da América nas últimas cinco décadas sem os voluntários. Ajudantes como Gene Principe, o homem que me ensinou a cuidar dos moribundos e que, aos noventa anos, ainda trabalha seis dias por semana na cozinha comunitária da MC, no Harlem. Ou Michael Aldeguer, que há 22 anos vive em um quartinho no segundo andar da Gift of Peace, cuidando em tempo integral dos moribundos e necessitados no salão. Foi tocante ver novamente aquele homem humilde e santo. Ambos têm orgulho de ser parte de uma rede de voluntários das Missionárias da Caridade que se estende pelo mundo. Assim como as irmãs, eles continuam o trabalho que Madre Teresa iniciou. Eles também servem Jesus "em Seu disfarce angustiante do mais pobre dos pobres".

Nos 25 anos desde a morte da Madre, as Missionárias da Caridade cresceram em tamanho e se tornaram a sétima maior congregação de freiras no mundo, com mais de 5.100 mulheres e 760 casas em 139 países. Essa expansão das MCs é ainda mais notável, considerando que houve um declínio global de 25% nas vocações para a vida religiosa ao longo do último quarto de século. Nos Estados Unidos, durante esse período, o total de freiras caiu para menos da metade. Embora as MCs tenham permanecido estáveis, enfrentam muitos desafios à medida que as novas vocações diminuem e um número muito maior de irmãs envelhece. Madre ensinou suas irmãs a levar tudo com calma, confiando que Deus vê suas necessidades e que proverá.

O trabalho continua, não importa a dificuldade ou o perigo. Um ano após a morte da Madre, três Irmãs MC foram mortas a tiros do lado de fora de seu convento, na cidade costeira de Hodeidah, no Iêmen, por um extremista islâmico convencido de que iria para o céu por causa de seu ato. Inabaláveis, as MCs enterraram seus mortos e trouxeram três corajosas irmãs para continuar o trabalho com os deficientes da cidade, que tinha sido iniciado 25 anos antes. O sentimento anticristão no Iêmen só se intensificou no século XXI, especialmente em Aden, onde cinco Irmãs MC administravam um lar para deficientes e idosos. Em dezembro de 2015, a última igreja católica da cidade foi incendiada. Irmã Prema deu a cada irmã a opção de ser transferida para outro lugar. No entanto, abandonar os homens e mulheres que estavam sob seus cuidados era uma coisa impensável para as irmãs em Aden.

Na manhã de 4 de março de 2016, as cinco irmãs seguiram sua rotina normal: participaram da missa, tomaram café da manhã, colocaram seus aventais e rezaram a oração MC das manhãs:

Que preguemos sem pregar,
Não com palavras, mas por nosso exemplo,
Pela força contagiante,
A influência solidária do que fazemos,
A evidente plenitude do amor que nossos corações têm por Ti.

Então se espalharam pelas enfermarias para alimentar e limpar as oitenta pessoas aos seus cuidados.

Dois homens chegaram ao portão sob o pretexto de visitar sua mãe idosa. Uma vez lá dentro, sacaram armas automáticas e abriram fogo, matando o segurança que os deixara entrar e os trabalhadores no pátio. A dupla tinha vindo matar as cinco irmãs em nome do Estado Islâmico. Acharam quatro delas, amarraram suas mãos e as executaram sumariamente. Na capela do convento, encontraram o Padre Tom Uzhunnalil, um missionário que servia no Iêmen havia catorze anos. Destruíram o tabernáculo e todas as imagens e ícones religiosos que estavam lá e sequestraram Padre Tom. (Ele seria libertado ileso após dezoito meses em cativeiro.)

A última freira, Irmã Sally, tinha ouvido gritos e tiros. Primeiro tentou chegar à capela para alertar Padre Tom, mas, quando percebeu que era tarde demais, se escondeu em um depósito próximo à geladeira, ficando de pé, imóvel, atrás da porta aberta. Por três vezes os dois atiradores entraram na sala onde ela estava à vista de todos. E em cada uma delas, de alguma maneira, não a viram. Após noventa minutos, os homens fugiram do convento, levando Padre Tom e deixando para trás Irmã Sally, os oitenta pacientes e dezesseis mortos. Depois de um tempo se recuperando da experiência traumática, Irmã Sally retornou ao Oriente Médio, onde continua a servir aos pobres. As MCs ainda não retornaram a Aden, embora mantenham lares em outros locais do Iêmen.

Situações angustiantes como essa estão presentes nos territórios que as MCs ocupam, seja em guetos controlados por gangues nos Estados Unidos ou em cidades árabes devastadas pela guerra civil. Quando o governo do Afeganistão entrou em colapso, em 2021, com a retirada dos militares americanos, as cinco irmãs que cuidavam de uma casa para crianças com deficiências graves em Cabul tiveram que fazer uma escolha. Havia um avião partindo para a Itália com cinco lugares disponíveis. Mas as irmãs se recusaram a deixar as onze meninas e três meninos na casa e preferiram permanecer à mercê do Talibã. Pela graça de Deus, e ajuda do governo italiano, as irmãs e as catorze crianças deficientes foram retiradas do país no penúltimo avião antes de a cidade cair. (Agora vivem em uma casa de acolhimento nos arredores de Roma.)

As MCs na Índia enfrentaram um desafio igualmente mortal no ano passado, quando o subcontinente se tornou o epicentro da pandemia da covid, com o número de mortos na casa dos milhões. No fim de 2021, 59 irmãs haviam morrido em decorrência do vírus, incluindo as superioras de sete casas. Essa tragédia não deteve as outras de fazerem tudo o que o governo lhes permitiu para aliviar o tormento dos que estavam sofrendo com o vírus e a catástrofe econômica que os infligiu.

Em muitos lugares, o trabalho é muito menos perigoso, mas tão difícil quanto. Em Miami, as irmãs alimentam centenas todos os dias em sua cozinha comunitária, e as 25 camas em seu abrigo para mulheres estão constantemente ocupadas. Em Baltimore, as MC administram uma casa para mulheres, visitam presos e levam alegria a idosos reclusos. Uma nova casa especializada em pacientes indigentes com tuberculose foi aberta em Rosário, México, em 2021. Ao redor do mundo, as irmãs adaptam seus serviços para oferecer o que é mais necessário, mas a rotina diária estabelecida pela Madre segue inalterada. Elas se levantam às 4h40, lavam suas roupas à mão, seguem uma estrita agenda de orações e esperam estar juntas no convento para as refeições e recreação vespertina. Trabalhar com os mais pobres dos pobres continua a ser sua missão e seu dever.

Levei anos para entender o que a Madre quis dizer quando falou que Calcutá estava em todos os lugares se você tivesse olhos para ver. A miséria que testemunhei em minha viagem de 1985 pode ser encontrada sob outras formas em países superficialmente ricos, atormentados por suicídio de adolescentes, uso de drogas, isolamento de idosos e pelo que o Papa João Paulo II chamou de "cultura da morte", que envolve aborto e eutanásia. Pobreza material e espiritual são dois lados da mesma moeda.

"Sabemos quem são nossos próprios pobres?" a Madre perguntou em uma reunião de bispos em Roma, em 1980.

> Conhecemos nosso vizinho, o pobre de nossa própria região? Para nós, é fácil falar sobre os pobres de outros lugares. Muitas vezes temos o sofrimento, temos o solitário, temos as pessoas – velhos, rejeitados, sentindo-se infelizes – perto de nós e nem mesmo os conhecemos. Não temos tempo nem para sorrir para eles. Tuberculose e câncer não (são) grandes doenças. Acho que uma doença muito maior é ser indesejado, não ser amado. A dor que essas pessoas sofrem é muito difícil de entender, de penetrar. Acho que isso é o que nosso povo em todo o mundo está passando, em cada família, em cada lar. Esse sofrimento está sendo repetido em cada homem, mulher e criança. Acho que Cristo está passando novamente pela Paixão. E cabe a vocês e a mim ajudá-los.

Em nosso último encontro, dez semanas antes de sua morte, agradeci a Madre por ter me apresentado Jesus na pessoa dos pobres e me ensinado a lutar por uma vida voltada para o outro. Foi preciso sua orientação e trabalho prático para que eu percebesse que os pobres também costumam ser pessoas muito poderosas. Possuem o poder de liberar a compaixão de dentro de nós e transformar nossa vida, se permitirmos. Eles protegem e preservam o que é verdadeiramente humano em cada um de nós. Têm o poder de formar comunidades solidárias ao redor do mundo, assim como a que se reuniu naquela tarde de outubro, em 2021, na Igreja Old Saint Patrick, em Manhattan.

Hoje em dia, humanos estão cada vez mais distantes uns dos outros, e os rápidos avanços em tecnologia e inteligência artificial aceleram essa desumanização. A Madre dizia: "Os pobres são a esperança e a salvação da humanidade". Essas pessoas que têm sede de companheirismo e buscam nosso tempo e cuidado nos fornecem um caminho para uma vida significativa e com propósito. Qualquer pessoa sobrecarregada pelas necessidades de outra, como um marido cuidando de uma esposa com uma doença crônica ou terminal, ou uma mãe adotiva cuidando da criança que sofreu abusos, conhece a alegria libertadora das boas ações feitas por amor, especialmente aquelas que nos custam. As Escrituras dizem que bem-aventurado é dar do que receber, e a Madre dizia que devemos "nos dar até doer".

Aqueles que alimentam o faminto, vestem o nu, visitam o doente ou encarcerado, acolhem o estrangeiro ou confortam o solitário sabem que seus esforços podem ser apenas uma trégua temporária. Não é provável que mudemos o mundo como o fez a Madre, mas podemos mudar o mundo dos que estão ao nosso redor, começando por nossos próprios familiares e vizinhos, levando sorrisos aos desamparados, esperança aos desesperados e amor aos não amados. O vasto oceano é feito por pequenas gotas.

Perto do fim de sua vida, foi perguntado a Madre Teresa sobre o fato de que pouco parecia ter mudado em Calcutá apesar de seus esforços, pois para cada pessoa que ela ajudara a morrer em paz ainda havia dez lá fora, morrendo sozinhas. Ela respondeu que não estava desencorajada de maneira alguma. "Deus não me chama para ser bem-sucedida. Deus me chama para ser fiel".

Para alguns, seu chamado à fidelidade é um imperativo religioso. Para outros, é um compromisso social com nossos irmãos e irmãs necessitados. Para todos nós, é um chamado à ação.

Agradecimentos

Estas páginas descrevem minha dívida com Madre Teresa e com os membros de sua família Missionárias da Caridade. Não é possível citar os nomes de todos os indivíduos desse abençoado grupo de mulheres e homens cujas vidas exemplares me ajudaram a moldar a minha. No entanto, devo mencionar Padre Joseph Langford, a quem a Madre escolheu para dar início à sua ordem de padres. Ele me convenceu a deixar meu emprego e a viver com os Padres MC durante um ano, discerniu comigo que eu não tinha sido chamado ao sacerdócio e me deu sua santa bênção na Cidade do México, no dia de meu noivado com Mary Sarah Griffith. Ele e meus irmãos espirituais em Tijuana, e as irmãs que conheci em todo o mundo nos últimos 37 anos, têm um lugar especial em meu coração. Este livro espera honrar sua amizade e seu testemunho fiel da alegria do Evangelho.

Minha família me deu um apoio excepcional ao longo do projeto, começando por Mary, minha esposa gloriosa há trinta anos. Seu amor, incentivo, comentários e incríveis sugestões foram inestimáveis. Nossos filhos, Jamie (e sua esposa, Carolyn, e seus filhos Sebastian e Patrick), Joe, Max, John e Marie são o motivo principal para eu ter escrito este livro. Queria que eles conhecessem a Madre que seus pais conheceram. Minha mãe, Florence; minha irmã gêmea, Jeannine, e seu marido, Bruce Hubbard; e meus irmãos mais velhos, Ed, Patrice e Maureen, conheceram a Madre em vida. Lembranças desses encontros continuam a nos alegrar e a nos unir como família.

Este livro não teria sido possível sem meu amigo Dan D'Aniello. Dan me forneceu o benefício de sua sabedoria ao longo da última década. Apoiou meus esforços profissionais e este livro em todos os momentos. Ele é um humilde homem de Deus que, de forma reservada e fiel, ajuda muitos a buscarem seus sonhos e viverem suas vocações cristãs. Sua vida como católico leigo, marido e pai amoroso, servo do país que ama e líder no mundo dos negócios inspira a mim e aos privilegiados que o conhecem.

Sandy McMurtrie foi muito amiga de Madre Teresa e, mais tarde, minha amiga. Ela atestou por mim quando comecei meu trabalho para as MCs, nos anos 1980. Ganhar a confiança da Madre e de suas irmãs foi um desafio e tanto para um homem solteiro. Sandy acelerou o processo, me incluindo no pequeno círculo que cercava e dava apoio à Madre durante suas estadias nos Estados Unidos, e quando estava hospitalizada em Calcutá. Sandy e seus filhos são bênçãos para mim. Sua filha mais nova, Maria Guadalupe, foi adotada de um dos orfanatos de Madre Teresa, na Cidade do México. Ter a Madre como sua madrinha facilitou meu trabalho como padrinho de Maria Guadalupe.

Outros quatro facilitaram meus primeiros encontros com a Madre: Ralph Dyer, Jan Petrie, Sunita e Naresh Kumar. Ralph deixou este mundo em 2003, e todos os dias sou grato por ele e por sua amizade. Além disso, Dan e Kathy Mezzalingua, Brian Olson, Jan Sterns, John e Therese Casey e seus filhos, Bridget Leonard, Tim e Nancy Joyce, Teresa Cotter, Bernadette Rienzo, Cathy e Mike Nagle, Tish Holmes, Shep Abel, Michael e Laura Timmis, e os Padres Stanislaus Wadowski, Gilles Hetier e Paul Scalia se tornaram alguns de meus amigos mais queridos por causa de nossa mútua admiração ou trabalho para a Madre.

A ideia de escrever este livro surgiu de uma conversa há mais de vinte anos com a sucessora da Madre como superiora-geral das Missionárias da Caridade, Irmã Nirmala. Ela me deu sua bênção para o projeto, assim como sua sucessora, Irmã Prema. As demandas de criar cinco filhos e minhas muitas responsabilidades profissionais nos anos que se seguiram me impediram de seguir com o plano. Quando meu mandato como reitor da Universidade Ave Maria terminou em 2020 e começou a pandemia da covid-19, finalmente pude voltar minha total atenção ao projeto do livro. Nada como um *lockdown* para liberar tempo para a escrita!

Nenhuma biografia de Madre Teresa pode ser escrita sem recorrer à três fontes literárias: *Such a Vision of the Street*[18], de Eileen Egan; *Algo de belo para Deus*, de Malcolm Muggeridge; e *Venha, seja minha luz*, de Brian Kolodiejchuk, MC. Esses são os pontos de partida para quem pensa sobre a vida da Madre. Além disso, tive o benefício das centenas de páginas de anotações que fiz ao longo dos anos em minhas muitas interações com ela e com os que lhe eram próximos. Meu hábito de escrever diários ao longo da vida me permitiu registrar contemporaneamente as palavras e os eventos relatados neste trabalho.

Um autor de primeira viagem precisa de muita orientação para escrever um livro e, durante a redação de meu manuscrito original, minha amiga de Tallahassee, Bonnie Woodbury, uma professora de inglês, foi inestimável. Ela dedicou incontáveis horas de atenção aos capítulos iniciais que escrevi. Sua revisão crítica, edição cuidadosa e tranquilidade me ajudaram a levar o documento ao ponto em que considerei que estaria pronto a ser apresentado a um editor. Outros também forneceram valiosos *feedbacks* e sugestões nos primeiros estágios do projeto: Kathy Mezzalingua, Irmã Nirmala Maria, Kevin Tobin, Terry Boulos, Arthur Brooks, Irmã Christie, Chris Donahue, Dave Lawrence e Irmã Ozana. Estiveram sempre presentes quando precisei, cheios de sabedoria e encorajamento. Padre Brian Kolodiejchuk foi outro membro desse grupo e merece menção especial por ter lido o manuscrito finalizado e verificado minhas memórias com seu conhecimento. Eu não poderia ter tido amigo e ajuda melhor ao escrever sobre a Madre. Minha filha, Marie, levou o texto final para Minnesota em janeiro e o leu para minha amada irmã gêmea, cuja beleza, graça e senso de humor não diminuíram nem um pouco por causa dos desafios apresentados pela esclerose lateral amiotrófica (ELA). Jeannine inspirou cada palavra de cada página deste livro.

Considerando o fato de eu não ter um agente literário, é um pequeno milagre que este livro tenha encontrado uma editora, em especial uma de excelência. Duas pessoas são responsáveis por essa graça incrível: Madre Teresa e Priscilla Painton, vice-presidente e diretora editorial de não ficção da Simon & Schuster. Em 2010, quando Priscilla era uma editora relativamente nova na casa, gentilmente me encontrou como uma cortesia de

---

[18] Em tradução livre, *Que visão das ruas*. (N.T.)

seus autores (meu amigo Karl Rove) e conversamos sobre como deveria ser um livro sobre a Madre. Dez anos se passaram até eu poder seguir seus conselhos. Então enviei um e-mail "desesperado" para ela. Ela não apenas se lembrava de mim como me pediu uma proposta de livro e uma amostra do que eu havia escrito.

Priscilla então passou minha proposta para seu colega Robert Messenger, um cavalheiro e mestre na arte de escrever e contar histórias. Ele destacou que o vigésimo quinto aniversário de morte de Madre Teresa, em setembro de 2022, seria uma maravilhosa oportunidade e um cronograma apertado para a publicação. Para acelerar o processo de reescrita, Robert sugeriu que eu entrasse em contato com uma ex-colega sua, Emily MacLean, para ver se estaria disposta a ajudar a reorganizar meu material e dinamizar seu conteúdo. Com crianças de 1 e 3 anos em casa, e dezenas de caixas fechadas esperando sua atenção devido a uma mudança recente, Emily tinha uma grande desculpa para declinar, mas não o fez. Ao longo dos meses seguintes, ela me ajudou a contar minha história com minhas palavras, mas de uma forma que eu jamais poderia ter feito sozinho. Eles despertaram o melhor da minha escrita e o fizeram com uma facilidade cativante. Duas das melhores pessoas e profissionais que você conhecerá. Minhas experiências com Bonnie, Robert e Emily me mostraram o poder transformador que grandes editores exercem. Cada vez que abrir este livro, vou lembrar com gratidão o que fizeram por mim.

Eu não poderia ter realizado essa tarefa literária sem o total apoio do conselho diretor da Envelhecer com Dignidade, a organização sem fins lucrativos onde, com alegria, estou empregado. Guy Smith (presidente e mentor), Zim Boulos (vice-presidente e melhor amigo), Bobby Brochin (advogado de Miami de primeira linha e ser humano ainda melhor) e Patricia Russell (uma adorável e leal defensora dos idosos e moribundos), todos merecem menção individual. Eles estavam ao meu lado em 1996, quando fundei a organização, e desempenharam um papel inestimável para ela se tornar uma voz de liderança no apoio à dignidade humana, dada por Deus, e o cuidado no fim da vida. Agradecimentos especiais às equipes de nossos escritórios em Tallahassee e Virginia, que tem sido uma imensa ajuda ao longo dos quase três anos de escrita deste livro.

Tricia Flatley merece menção especial aqui. Ela é uma amiga maravilhosa e incentivadora que, por muitos anos, me incitou a escrever este livro.

Seus pais foram amigos e benfeitores de Madre Teresa quando ela abriu duas casas em seu estado natal, Massachusetts. Na abertura do lar MC em New Bedford, em 1995, Tricia encontrou a Madre pela primeira vez e compartilhou com ela sua infelicidade por não ter filhos. "Deus não quer que você não tenha filhos", Madre garantiu, então deu a Tricia uma Medalha Milagrosa e a orientou a pedir a intercessão de Nossa Senhora. Dezoito meses (e um aborto espontâneo) depois, Tricia deu à luz meninas gêmeas, que são a alegria de sua vida. Tricia e seus irmãos levam adiante a filantropia compassiva de seus pais: de maneira humilde, silenciosa e eficaz.

Meu amigo Michael Collopy, talvez o melhor fotógrafo retratista da edição americana deste livro, assim como a da missa de canonização da Madre na Praça São Pedro. Madre Teresa detestava ser fotografada, mesmo assim Michael conseguiu capturar a incrível beleza da vida de sua querida amiga no livro *Works of Love Are Works of Peace: Mother Teresa of Calcutta and the Missionaries of Charity*[19]. Ele inspira admiração. Também sou grato aos outros cujas fotos estão exibidas neste livro com sua permissão, em particular, a meu amigo Prasad, da Prasad Photography, em Newport Beach, Califórnia, outro fotógrafo excepcional.

Levar o livro até a linha de chegada demandou muito trabalho de meu editor de texto, Richard Willett. Meu filho John ajudou com as provas e verificações de citações. Muito obrigada a eles.

Por fim, quero agradecer aos pobres, deficientes, doentes mentais, idosos abandonados e outros necessitados que me revelaram sua grande dignidade e minha necessidade de relacionamento com eles. Madre Teresa foi a minha ponte para essas almas negligenciadas. Se este livro tocar o coração de seus leitores para estender a mão para eles com amor e compaixão, então terá cumprido seu propósito.

---

19 Em tradução livre, *Obras de amor são obras de paz: Madre Teresa de Calcutá e as Missionárias da Caridade*. (N.T.)

Notas

Além das histórias de meus próprios diários, anotações e correspondência, incluí neste livro material de uma conferência que o Arquibade Douglas Nowicki, O. S. B. e eu organizamos no Saint Vincent College, em Latrobe, Pennsylvania, de 5 a 7 de outubro de 2007, para celebrar o aniversário de dez anos da morte da Madre. Irmã Nirmala, Padre Brian Kolodiejchuk, Agi Guttadauro, Sandy McMurtrie, Jan Petrie, Roni Daniels, dra. Patricia Aubanel, Padre Bob Conroy, Arturo Mercado, Bradley James, Irmão Sebastian, Michael Collopy, dr. Larry Kline e outros compartilharam suas histórias extraordinárias nessa reunião, e incluí parte desse material neste livro. Sandy McMurtrie graciosamente me permitiu usar partes de seu testemunho para a Causa de Beatificação de Madre Teresa. Também incluí material de uma série de palestras que Irmã Monica ministrou aos Padres MC, em 1988, em Tijuana, México, bem como conversas com ela e Padre Joseph Langford.

As notas neste capítulo registram as outras fontes – livros, jornais, revistas, diários e publicações online – das quais recolhi conteúdo para este livro. Todas as referências bíblicas usadas na tradução brasileira são da Bíblia Sagrada, da versão da editora Ave-Maria, 1997.

Introdução
A Madre que conheci

Seus esforços foram auxiliados por seis: CABA, Susan. Requiem for a Saint: Funeral for Simple, Pure Mother Teresa Presents a Host of Complexities. *Spokesman-Review*, 11 de setembro de 1997. Disponível em: https://www.spokesman.com/stories/1997/sep/11/requiem-for-a-saint-funeral-for-simple-pure/. Acesso em: 15 jun. 2022.

"Porque tive fome e me destes": Mateus 25:35–45.

"O trabalho é apenas a expressão": MUGGERIDGE, Malcolm. *Something Beautiful for God.* Nova York: HarperCollins, 1971. p.98. Publicado no Brasil com o título *Algo de belo para Deus*. São Paulo: Paulinas, 1978.

Capítulo 1
Calcutá

Durante sua primeira década na cidade: Gabinete do secretário-geral e comissário, Índia. A-2 Decadal Variation In Population Since 1901: West Bengal. Disponível em: censusindia.gov.in/2011census/PCA/A2_Data_Table.html. Acesso em: 15 jun. 2022.

"Para aqueles de nós que têm dificuldade": MUGGERIDGE, Malcolm. *Something Beautiful for God.* Nova York: HarperCollins, 1971. p.126. Publicado no Brasil com o título *Algo de belo para Deus*. São Paulo: Paulinas, 1978.

"Os pecadores lambem a poeira, ou seja": PASCAL, Blaise. *Oeuvres Completes*. Paris: Seuil, 1963. p.602.

"para sair e dar a vida de Cristo": EGAN, Eileen. *Such a Vision of the Street*. Nova York: Doubleday, 1985. p.12.

Gonxha cresceu de etnia albanesa: Ibid., p.6.

Sua mãe, Drana, era uma mulher profundamente: Ibid., p.7-8.

Ela nunca rejeitava os necessitados: Ibid., p.8.

Nikola era um empresário de sucesso: Ibid., p.6.

Em 1919, ele viajou para um jantar: Ibid., p.8-9.

Quando voltou para casa gravemente doente: SPINK, Kathryn. *Mother Teresa:* A Complete Authorized Biography. Nova York: HarperCollins, 1997. p.6.

O padre chegou à casa dos Bojaxhiu: EGAN. *Such a Vision*, p.8-9.

Imediatamente após a morte de Nikola: SPINK. *Mother Teresa*, p.6.

Foram apenas a coragem e iniciativa de Drana: EGAN. *Such a Vision*, p.9.

"Coloque sua mão nas mãos de Jesus": KOLODIEJCHUK, Brian. *Mother Teresa:* Come Be My Light. Nova York: Doubleday, 2007. p.13. Publicado no Brasil com o título *Venha, seja minha luz*. Rio de Janeiro: Petra, 2016.

Gonxha chorou quando o trem partiu: EGA. *Such a Vision*. p.14; WALTERS, Kerry. *St. Teresa of Calcutta:* Missionary, Mother, Mystic. Cincinnati: Franciscan Media, 2016. p.9.

Gonxha permaneceu na Irlanda, estudando inglês: SPINK. *Mother Teresa*, p.12.

"Delicada e pura como orvalho de verão": KOLODIEJCHUK. *Mother Teresa*, p.15-17.

Passou o Natal sem missa: EGAN. *Such a Vision*. p.15; WALTERS. *St. Teresa of Calcutta*, p.10.

"Muitas famílias vivem nas ruas": SPINK. *Mother Teresa*, p.13-14.

Ela chegou a Calcutá em 6 de janeiro: KOLODIEJCHUK. *Mother Teresa*, p.17.

Numa carta que enviou para casa: Ibid.

"O calor da Índia está, simplesmente, queimando": Ibid., p.18-19.

"uma gota no oceano": MUGGERIDGE. p.119.

Capítulo 2
Conhecendo a Madre

Em 1931, a recém-professada: EGAN. *Such a Vision*, p.19.

Irmã Teresa ensinava história e: WALTERS. *St. Teresa of Calcutta*, p.17; EGAN, *Such a Vision*, p.22.

Em maio de 1937, Irmã Teresa professou: KOLODIEJCHUK. *Mother Teresa*, p.23.

"Todos os domingos, visito os pobres": Ibid., p.27.

A escola Saint Mary tinha sido requisitada: Ibid., p.35-36.

Ela estava cuidando de trezentas: Ibid., p.36-37.

Recebeu ordens para tirar horas: EGAN. *Such a Vision*, p.27; KOLODIEJCHUK. *Mother Teresa*, p.36-37.

Isso ficaria conhecido como: EGAN. *Such a Vision*, p.24.

Madre Teresa e suas centenas: KOLODIEJCHUK. *Mother Teresa*, p.37.

Como não tinham comida: EGAN. *Such a Vision*, p.24.

"Não devíamos sair às ruas": Ibid.

Capítulo 3
Escolher sempre o mais difícil

Enquanto orava, ouviu: João 19:28.

"'Tenho sede' é algo muito mais profundo": LANGFORD, Joseph. Mother Teresa's Secret Fire. Huntington. In: *Our Sunday Visitor*, 2008. p.56.

"A mensagem era bem clara": EGAN. *Such a Vision*, p.25.

"Eis aqui a serva do Senhor": Lucas 1:38.

"Entrega total e confiança amorosa": Madre Teresa. Instruções para as Irmãs MC. 1983; LANGFORD, Joseph. *I Thirst: 40 Days with Mother Teresa*. Greenwood Village: Augustine Institute, 2018. p.42. Publicado no Brasil com o título *Tenho sede: 40 dias com Madre Teresa*. São Paulo: Cultor de Livros, 2021.

Descreveu como vira: KOLODIEJCHUK. *Mother Teresa*, p.99.

No mês seguinte, em janeiro de 1948: Ibid., p.102.

"Se a senhora estivesse na Índia": Ibid., p.106.

Foi, disse, "muito mais difícil": EGAN. *Such a Vision*, p.31.

Então, a Madre foi para Patna: Ibid., p.31, p.35.

Lhe deram conselhos práticos: Ibid., p.34-35.

Madre Teresa voltou para Calcutá: Ibid., p.33.

Um padre de Calcutá disse: DOIG, Desmond. *Mother Teresa:* Her People and Her Work. Nova York: Nacheketa, 1976. p.53.

Outro, atribuiu seus trabalhos a: SPINK. *Mother Teresa*, p.40.

Nas favelas, ela encontrou apenas: KOLODIEJCHUK. *Mother Teresa*, p.132.

"velho deitado na rua": Ibid, p.132.

"uma mulher muito pobre morrendo": Ibid.

Mas os pobres estavam felizes em tê-la: EGAN. *Such a Vision*, p.37; MUGGERIDGE. *Something Beautiful*, p.87. No Brasil, *Algo de belo para Deus*.

"Hoje aprendi uma boa lição": KOLODIEJCHUK. *Mother Teresa*, p.133-34.

Ela sofreu "torturas de solidão": Ibid., p.134.

A primeira jovem a ingressar: EGAN. *Such a Vision*, p.29.

Em um ano, Madre Teresa tinha doze moças: DOIG. *Mother Teresa*, p.70.

Os sacrifícios incalculáveis desse primeiro grupo: EGAN. *Such a Vision*, p.42.

Durante esse tempo, recebe: MUGGERIDGE. *Something Beautiful*, p.105. No Brasil, *Algo de belo para Deus*.

Para a honra e glória de Deus: Recitado por MCs fazendo votos perpétuos na Basílica do Santuário Nacional da Imaculada Conceição, Washington, D.C., 8 dez. 2021, registros do autor.

"Começávamos nosso trabalho quando o sofrimento": EGAN. *Such a Vision*, p.44.

"Na escolha das obras, não havia nem": EGAN. *Such a Vision*, p.44.

"Jesus 'andou fazendo o bem.'": Atos dos Apóstolos 10:38.

Capítulo 4
Pobreza espiritual

"não há fome de pão": DOIG. *Mother Teresa*, p.159.

"A levei para o hospital": MUGGERIDGE. *Something Beautiful*, p.91. No Brasil, *Algo de belo para Deus*.

Um funcionário de saúde muçulmano ofereceu: SPINK. *Mother Teresa*, p.54; DOIG. *Mother Teresa*, p.59.

Ele o chamou de Nirmal Hriday: DOIG. *Mother Teresa*, p.59.

"serviços sinceros e gratuitos aos": Da Constituição das Missionárias da Caridade.

A oposição à Madre em Kalighat: DOIG. *Mother Teresa*, p.87; EGAN. *Such a Vision*, p.67.

Ela mantinha meticulosos registros manuais: DOIG. *Mother Teresa*, p.138.

"Nós os ajudamos a morrer com Deus": Ibid.

Madre era cuidadosa em observar: Ibid., p.147.

"Vivi como um animal": EGAN. *Such a Vision*, p.49.

Madre abriu uma clínica de saúde: Ibid., p.75.

Ela dirigia clínicas móveis para leprosos: Ibid., p.81.

Em 1961, começou a planejar: Ibid., p.139.

"As condições nas quais vivem as famílias dos leprosos": KOLODIEJCHUK. *Mother Teresa*, p.175-76.

Em 1975, mais de mil irmãs estavam alocadas: Ibid, p.267.

O reconhecimento mais significativo: LE JOLY, Edward. *Mother Teresa: A Woman in Love*. Notre Dame, Indiana: Ave Maria Press, 1993. p.56.

Ele serviu comida: Ibid., p.53 e 55.

"Nirmal Hriday proclama a profunda dignidade": FARROW, Mary. *The Happiest Day of Mother Teresa's Life*. Catholic News Agency, 22 dez. 2016. Disponível em: www.catholicnewsagency.com/amp/news/34441/the-happiest-day-of-mother-teresas-life. Acesso em: 16 jun. 2022.

"nossos pobres são ótimas pessoas": Madre Teresa. Discurso de aceitação do Prêmio Nobel. Oslo, 10 dez. 1979. Disponível em: https://www.nobelprize.org/prizes/peace/1979/teresa/acceptance-speech/. Acesso em: 16 jun. 2022.

"Hoje em dia, as pessoas estão famintas por amor": DOIG. *Mother Teresa*, p.159.

"Quando pego uma pessoa": Discurso de aceitação do Prêmio Nobel.

Capítulo 5
Uma empreendedora nata

"uma generosidade em seu olhar": LANGFORD. *Secret Fire*, p.37.

"uma nova esperança no que havia de melhor": LANGFORD. *Secret Fire*, p.38.

Nos primeiros anos, por exemplo: MUGGERIDGE. *Something Beatiful*, p.102. No Brasil, *Algo de belo para Deus*.

Eileen Egan, membro da equipe: EGAN. *Such a Vision*, p.45.

A boneca era vestida com: DEFORD, Susan. *A Revered Memory That's Not for Sale*: Guardians of Mother Teresa's Legacy Resist Efforts to Cash In on Her Name for Good Causes or Greedy Purposes. *Washington Post*, 20 dez. 1997, B9.

Capítulo 6
Um chamado

"Sem Nossa Senhora, não podemos suportar": KOLODIEJCHUK. *Mother Teresa*, p.141.

"Minhas irmãs, padre, são o presente": Ibid., p.212.

Acreditava que se a mãe de Deus: Lucas 1:39.

A Madre se manteve ao seu lado: EGAN. *Such a Vision*, p.140.

Madre chamava Agnes: LE JOLY. *Mother Teresa*, 25.

Quando finalmente recebeu notícias: KOLODIEJCHUK. *Mother Teresa*, p.173.

Sua mãe escreveu: EGAN, *Such a Vision*, p.151.

Em 1965, foi à embaixada albanesa: Ibid., p.151-54.

Ela disse ao funcionário albanês: Ibid., p.153.

"Você não sabe o que esse sacrifício": Ibid., p.387.

Em julho de 1972, Madre Teresa recebeu a notícia: SPINK. *Mother Teresa*, p.97.

um lugar que Madre Teresa descreveu: Madre Teresa. Carta geral às Missionárias da Caridade, 23 jul. 1989.

Capítulo 7
Mãe dos excluídos

As primeiras incursões de Madre Teresa dentro: EGAN. *Such a Vision*, p.79.

Quando eu fui testemunhar: SPINK. *Mother Teresa*, p.203.

Os Evangelhos registram a cura de leprosos: Mateus 8:1-4; Lucas 17:11-15.

sua ternura para com a mulher samaritana: João 4:4-42.

e com a adúltera lançada aos Seus pés: João 8:1-11.

a parábola do Bom Samaritano: Lucas 10:25-37.

Jesus disse, "Vinde a mim": Mateus 11:28.

Capítulo 8
Um coração humano

"Santidade não te torna menos humano": Papa Francisco, *Gaudete et Exsultate* [Exortação Apostólica sobre a chamada à Santidade no mundo atual], sec. 34. Disponível em: https://www.vatican.va/content/francesco/pt/apost_exhortations/documents/papa-francesco_esortazione-ap_20180319_gaudete-et-exsultate.html. Acesso em: 16 jun. 2022.

Falava com fluência cinco idiomas: EGAN. Such a Vision, p.153.

Certa vez disse a um amigo que: Ibid., p.366.

"Qualquer país que aceita o aborto": Madre Teresa. Discurso no National Prayer Breakfast. Washington, D.C., 5 fev. 1994. *Catholic News Agency.* Disponível em: https://www.catholicnewsagency.com/resource/55399/blessed-mother-teresa-on-abortion. Acesso em: 17 jun. 2022.

"Reuniões têm um efeito terrível e doentio": KOLODIEJCHUK. *Mother Teresa*, p.223.

"Às vezes, uso uma voz rápida": Ibid., p.171.

Em abril de 1942, ela fez: Ibid., p.28.

uma perna quebrada: DOIG. *Mother Teresa*, p.90.

uma fratura no ombro e três: KOLODIEJCHUK. *Mother Teresa*, p.324.

uma fratura exposta no braço esquerdo: EGAN. *Such a Vision,* zp.161.

dezenove pontos na cabeça: Ibid., p.414.

dois pontos depois de ter sido mordida: SPINK. *Mother Teresa,* p.276.

A Madre sofreu silenciosamente com dúzias de surtos: EGAN. *Such a Vision*, p.287.

tuberculose: DOIG. *Mother Teresa,* p.61.

cinco infartos: Roma, 1983; Tijuana, 1989; e Calcutá em 1993, 1996, e 1997.

um derrame: SPINK. *Mother Teresa,* p.182.

e duas cirurgias de marca-passo: LE JOLY. *Mother Teresa,* p.181.

Ela tinha os pés deformados: SPINK. *Mother Teresa,* p.18.

Ela acreditava que "sofrimento pode se tornar": MUGGERIDGE. *Something Beautiful,* p.108. No Brasil, *Algo de belo para Deus.*

"Somos tão diferentes", Madre Teresa comentou: SPINK. *Mother Teresa,* p.107.

"Ela me deu total liberdade": Ibid., p.112.

"Sejam gentis umas com as outras": KOLODIEJCHUK. *Mother Teresa,* p.196.

Papa Francisco, embora a tenha encontrado: Pope Francis Sets Day to Make Mother Teresa a Saint. *CBS News,* 15 mar. 2016. Disponível em: https://www.cbsnews.com/news/pope-francis-canonization-mother-teresa-september-4/. Acesso em: 17 jun. 2022.

Na ocasião, ele a chamou de: Sala de Imprensa da Santa Sé. *Mother Teresa of Calcutta, Tireless Worker of Mercy,* 4 set. 2016. Disponível em: https://press.vatican.va/content/salastampa/en/bollettino/pubblico/2016/09/04/160904a.html. Acesso em: 17 jun. 2022.

"Misericórdia", ela disse, "se tornou a segunda natureza": PENTIN, Edward. Mother Teresa Saw Jesus in Everyone. *National Catholic Register,* 30 ago. 2016. Disponível em: https://www.ncregister.com/news/mother-teresa-saw-jesus-in-everyone. Acesso em: 17 jun. 2022.

Capítulo 9
Uma cristã alegre

São Paulo escreveu: "Alegrai-vos com os": Romanos 12:15-16.

Quando uma amiga lhe disse: EGAN. *Such a Vision*, p.315.

Em um posto de fronteira entrando: Ibid., p.412.

No carro, entre um evento e outro: Ibid., p.208.

"Me falaram sobre a violência": Ibid., p.174.

Capítulo 10
No palácio

Ela descreveu uma visita à Filadélfia, em 1976: KOLODIEJCHUK. *Mother Teresa*, p.278.

"Essa celebridade me foi imposta": EGAN. *Such a Vision*, p. 365.

"Ela incorporou muitos dos": WEIGEL, George. *Witness to Hope:* The Biography of Pope John Paul II. Nova York: HarperCollins, 1999. p.818.

Um ano depois, quando ele retornou: EGAN, *Such a Vision*, p.339.

"O Papa visitou a Índia para exaltar": WEIGEL, George. *The End and the Beginning:* Pope John Paul II – The Victory of Freedom, the Last Years, the Legacy. Nova York: Doubleday, 2010. p.18.

Logo após o retorno de João Paulo dessa viagem: WEIGEL. *Witness to Hope*, p.566.

Tennyson escreveu: "Precisamos amar o mais": TENNYSON, Alfred Lord. *Idylls of the King*. Londres: Penguin, 2004.

A atriz Penélope Cruz passou uma semana em Calcutá: DE VRIES, Hilary. Penelope Cruz: Will She Say I Do, or I Don't. *Marie Claire*, 9 jan. 2009. Disponível em: https://www.marieclaire.com/celebrity/a156/penelope-cruz/. Acesso em: 17 jun. 2022.

e relatou que, após seu encontro: MEDIA, Brut. *The Life of Penelope Cruz*. 1 fev. 2020. Disponível em: https://www.brut.media/us/entertainment/the-life-of-penelope-cruz-040ef88b-5ac9-44d5-be09-bbd076bb60d8. Acesso em: 17 jun. 2022.

"Conhecê-la é sentir-se profundamente humilde": EGAN. *Such a Vision*, p.357.

A Madre elogiou a primeira-ministra: Ibid., p.198.

Em 1984, Indira Gandhi foi assassinada: Ibid., p.402.

No funeral, Madre Teresa orou: Ibid.

Madre Teresa contou a sua amiga: Ibid., p.66.

Em 1979, ela escreveu a Jimmy Carter: Madre Teresa ao presidente Jimmy Carter, 17 nov. 1979, em *Forest Park Review*. Disponível em: https://www.forestparkreview.com/2006/01/17/mother-teresas-letter-to-president-carter/. Acesso em: 17 jun. 2022.

A Madre lhe disse que tudo: EGAN. *Such a Vision*, p.391.

Mais tarde, perguntado pelos repórteres: Ibid.

"A presença de [armas] nucleares": Ibid., p.392.

Quando a Madre foi hospitalizada: SPINK. *Mother Teresa*, p.191.

Em junho daquele ano, o presidente: LE JOLY. *Mother Teresa*, p.136.

Depois de entregar-lhe a medalha: Ibid., p.137.

"Conforme nossa conversa sobre salvar crianças não nascidas": Madre Teresa ao presidente Bill Clinton e a Hillary Clinton. Calcutá, 5 fev. 1994. Arquivos do autor.

"Rezo frequentemente por vocês dois": Madre Teresa para Hillary Clinton. Nova York, 7 fev. 1994. Arquivos do autor.

"Foi em fevereiro de 1994, e ela tinha acabado de fazer um discurso": CLINTON, Hillary. Let's Make Adoptions Easier. Talking It Over. *The Washington Post*, 30 jul. 1995.

Naquele dia mais tarde, Diana escreveu: RACH, Jessica. Paul Burrell Shares Unseen Letter Princess Diana Wrote After Visiting Mother Teresa's Calcutta Convent in 1992 Revealing She Had 'Found the Direction' She'd Been 'Searching for All These Years'. *Daily Mail*, 11 maio 2020. Disponível em: https://www.dailymail.co.uk/femail/article-8306801/Paul-Burrell-shares-unseen-note-Princess-Diana-wrote-him.html. Acesso em: 17 jun. 2022.

Na descrição de Barak, ela "acabou de mãos dadas": BARAK, Daphne. Mother Teresa. *Ladies' Home Journal*, abr. 1996, p.146.

Naquele dia, a princesa se encontrou com: WATSON-SMYTH, Kate. A Bronx Tale: Hugs and Kisses for Diana and Mother Teresa. *Independent*, 18 jun. 1997. Disponível em: https://www.independent.co.uk/news/a-bronx-tale-hugs-and-kisses-for-diana-and-mother-teresa-1256668.html. Acesso em: 17 jun. 2022.

Pouco depois da visita, a Princesa Diana: CALFAS, Jennifer. See the 5 Dresses That Helped Princess Diana Raise Millions for Charity Before She Died. *Money*, 31 ago. 2017. Disponível em: https://money.com/princess-diana-dresses-charity-death/. Acesso em: 17 jun. 2022.

A última declaração pública de Madre Teresa: Associated Press. Nun and Princess Bound by Altruism. *Seattle Times*, 6 set. 1997. Disponível em: https://archive.seattletimes.com/archive/?date=19970906&slug=2558750. Acesso em: 17 jun. 2022.

Antes que a princesa fosse colocada para descansar: FLOOD, Rebecca. Princess Diana Found Her 'Calling' Following Spiritual Meeting with Mother Teresa. *Express*, 21 ago. 2017. Disponível em: https://www.express.co.uk/news/world/844100/Princess-Diana-mother-Teresa-spiritual-calling-meeting-Paul-Burrell. Acesso em: 17 jun. 2022.

Capítulo 11
Respondendo aos críticos

"*Madre Teresa não ofereceu a elas nenhuma opção*": SPINK. *Mother Teresa*, p.253.

Ele gostava de chamar a atenção: Matt Cherry interview. Hitchens on Mother Teresa. *Free Inquiry*, outono de 1996.

"*uma agente política... uma cúmplice*": HITCHENS, Christopher. *The Missionary Position*. Londres: Verso, 1995. p.11.

Se Ele não condenou uma mulher: João 8:1-11.

"*As instalações são grotescamente simples*": Entrevista de Cherry com Hitchens.

"*Todos temos um dever de servir a Deus*": SPINK. *Mother Teresa*, p.247.

"Sob o manto da pobreza declarada": Entrevista de Cherry com Hitchens.

"As vastas somas de dinheiro": Hitchens, CHRISTOPHER. The Devil and Mother Teresa. *Vanity Fair*, out. 2001.

Germaine Greer certa vez esteve no mesmo: GREER, Germaine. Unmasking the Mother. *Newsweek*, 22 set. 1997, p.33.

Talvez a mais ofensiva das críticas: MADDOX, Bruno. Books in Brief: Nonfiction. *New York Times*, 14 jan. 1996. Disponível em: https://www.nytimes.com/1996/01/14/books/books-in-brief-nonfiction-068195.html. Acesso em: 18 jun. 2022.

Como Hitchens pôde visitar Kalighat e: HITCHENS, Christopher. Mother Teresa (Agnes Bojaxhiu). In: *The Quotable Hitchens*: from Alcohol to Zionism. Windsor Mann (ed.). Cambridge: Da Capo, 2011. p.194.

"Amo todas as religiões, mas sou": Madre Teresa. In: *The Joy in Loving*: A Guide to Daily Living. Jaya Chalika e Edward Le Joly (eds.). Nova York: Penguin, 1996. p. 158.

"Existe apenas um Deus, e Ele": Madre Teresa. In: *A Simple Path*. Lucinda Vardey (ed.). Nova York: Ballantine, 1995, p.31.

Hitchens a chamou de "pecadora mundana e dissimulada": Hitchens. *The Devil and Mother Teresa*.

"meu dia de vingança chegará": Ibid.

Em 2021, Michelle Goldberg: GOLDBERG, Michelle. Was Mother Teresa a Cult Leader? *New York Times*, 21 maio 2021. Disponível em: https://www.nytimes.com/2021/05/21/opinion/mother-teresa.html. Acesso em: 18 jun. 2022.

Capítulo 12
Na escuridão como na luz

Jesus disse: "Se alguém quer": Lucas 9:23.

"Ela me deu os papéis": KOLODIEJCHUK. *Mother Teresa*, p.209.

"Por favor, reze especialmente por mim": Ibid., p.149.

Com exceção de um período de cinco semanas: Ibid., p.177.

"Senhor, meu Deus, quem sou": Ibid., p.187.

"Pensamentos colocados no papel dão": Ibid., p.186.

"Em minha alma" Madre escreveu: Ibid., p.193.

"No chamado, Você disse que": Ibid.

"Almas não têm nenhuma atração [...] O céu": Ibid., p.169.

As pessoas dizem que se aproximam": Ibid., p.238.

Como escreveu São Paulo sobre suas: Colossenses 1:24.

O relato da crucificação no Evangelho de Marcos: Marcos 15:33-34.

"Em meu coração não há fé": KOLODIEJCHUK. *Mother Teresa*, p.193.

Em uma carta de 1961: Ibid., p.214.

Perto do fim de sua vida: Ibid., p.326.

Em 1962, ela escreveu: "A situação física": Ibid., p.232.

"Em vez de sufocar seu impulso missionário": Ibid., p.185.

Como escreveu Padre Brian, "Na oração": Ibid., p.212.

"um delicado presente de Deus": Ibid., p.6.

"quando você torna isso público": Ibid., p.327.

De fato, ela queria manter: Ibid., p.199.

"as profundezas de Deus": 1 Coríntios 2:10.

"Por favor, não entregue nada": KOLODIEJCHUK. *Mother Teresa*, p.5.

Ela implorou ao Padre Picachy: Ibid., p.199.

A Madre conseguiu esconder seu segredo: Ibid., p.176.

"Sorrindo o tempo todo": Ibid., p.187.

Em seu livro Mother Teresa's Secret Fire: LANGFORD. *Mother Teresa's*, p.31.

Certa vez, ela explicou: "Alegria é": KOLODIEJCHUK. *Mother Teresa*, p.33.

"Este ano foi um presente de Deus": Madre Teresa, Carta Geral aos trabalhadores das Missionárias da Caridade, Natal de 1996.

Certa vez uma mulher trouxe seu bebê de dez semanas muito doente: EGAN. *Such a Vision*, p.257.

"Muitas vezes acontece que aqueles": KOLODIEJCHUK. *Mother Teresa*, p.248.

"Se algum dia me tornar uma Santa": Ibid., p.230.

Capítulo 13
Dizendo adeus

Para promover minha nova empreitada, Madre escreveu: Madre Teresa. Carta aberta ao povo da Flórida, 7 ago. 1996.

Em 22 de novembro, ela sofreu: GUMBEL, Andrew. Mother Teresa Pleads with Her Friends: Just Let Me Die. *Independent*, 2 dez. 1996.

Lá, os médicos reprogramaram seu marca-passo: Associated Press. 'Cheerful' Mother Teresa Remains in Critical Condition. *Tampa Bay Times*, 2 dez. 1996.

Ela também foi submetida a uma angioplastia: Ibid.; Telegraph Staff Reporter. Mother House Turns Mini-Hospital: Sisters Set Up Cardiac Unit as Mother's Heartbeat Remains Erratic. *Telegraph*, 7 set. 1996.

Seus rins, também, estavam começando: Associated Press. "Cheerful".

O arcebispo de Calcutá, Henry D'Souza, estava convencido: BINDRA, Satinder. Archbishop: Mother Teresa Underwent Exorcism. *CNN*, 7 set. 2001. Disponível em: https://edition.cnn.com/2001/WORLD/asiapcf/south/09/04/mother.theresa.exorcism/. Acesso em: 18 jun. 2022.

Às vezes ela se debatia: Ibid.

Arcebispo D'Souza e Padre Stroscio tiveram que: AFP. Mother Teresa 'Wasn't Possessed by Devils. *IOL*, 9 set. 2001. Disponível em: https://www.iol.co.za/news/world/mother-teresa-wasnt-possessed-by-devils-71918. Acesso em: 18 jun. 2022.

"Não temos certeza se ela estava": Irmã Nirmala, M.C. Declaração à imprensa, 8 set. 2001.

Em 1949, enquanto estava começando: KOLODIEJCHUK. *Mother Teresa*, p.134.

A manchete no dia seguinte foi: GUMBEL. *Mother Teresa Pleads*.

Capítulo 14
Indo para casa

"Mas viver sempre, sem um termo": Papa Bento XVI. *Spe Salvi* [Encíclica aos Bispos, Presbíteros e Diáconos, Religiosos e Religiosas e a todos os fiéis leigos sobre a esperança cristã], 30 nov. 2007, sec. 10. Disponível em: https://www.vatican.va/content/benedict-xvi/pt/encyclicals/documents/hf_ben-xvi_enc_20071130_spe-salvi.html. Acesso em: 18 jun. 2022.

Em vez de "uma sucessão contínua": Ibid., sec. 12.

"Fica comigo; cai rapidamente o entardecer": LYTE, Henry Francis. *Abide with Me*: Fast Falls the Eventide. 1847. *Hymnary.org*. Disponível em: https://hymnary.org/text/abide_with_me_fast_falls_the_eventide. Acesso em: 18 jun. 2022.

Quatro irmãs estavam especialmente focadas nos cuidados: Cinco Irmãos que estavam presentes quando a Madre foi para casa, para Deus – Nirmala, Gertrude, Luke, Nirmala Maria e Joel, assim como dr. Alfred Woodward, seu médico pessoal há muito tempo –, compartilharam comigo suas observações do que aconteceu e, juntos, contaram a história de como ela morreu.

"Vinde, benditos de meu Pai": Mateus 25:34-40.

Capítulo 15
Santa Teresa de Calcutá

Em sua primeira aparição pública: Frances D'Emilio. John Paul II Beseeches God for Just Reward. *Spokesman-Review*, 7 set. 1997. Disponível em: https://www.spokesman.com/stories/1997/sep/07/johnpaul-ii-beseeches-god-for-just-reward/. Acesso em: 18 jun. 2022.

"Ela vive em minha memória como": Pope, World Leaders, Join in Paying Tribute. *Irish Times*, 8 set. 1997. Disponível em: https://www.irishtimes.com/news/pope-world-leaders-join-in-paying-tribute-1.104075. Acesso em: 18 jun. 2022.

Sua morte, diria mais tarde: WEIGEL. *Witness to Hope*, p.819.

Apenas algumas semanas após sua morte: Ibid.

Em dois anos, eles reuniram: VAN BIEMA, David. Mother Teresa: The Life and Works of a Modern Saint. *Time*, reedição atualizada da edição especial, 2016, p.81.

Adaptei a exortação de São Paulo: I Coríntios 11:1.

Essa promessa foi suficiente para me manter: Mateus 26:11.

Ele sabia que não viveria: Papa João Paulo II, Homilia de Beatificação de Madre Teresa de Calcutá. Dia Mundial das Missões, 19 out. 2003. Disponível em: https://www.vatican.va/content/john-paul-ii/en/homilies/2003/documents/hf_jp-ii_hom_20031019_mother-theresa.html. Acesso em: 18 jun. 2022.

"Louvemos ao Senhor": Ibid.

Ela se via como o "servo inútil": Lucas 17:7-10.

Suas irmãs, também, fizeram: Mateus 25:34.

Às vezes, me vejo como: Marcos 9:24.

Epílogo
O trabalho continua

"Sabemos quem são nossos próprios pobres?": KOLODIEJCHUK. *Mother Teresa*, p.296.

Um garoto de rua dormindo no chão de um shopping center subterrâneo, em Calcutá, em 2019. A cena ainda me assombra; é como se o garoto tivesse caído da boa vida retratada no mural acima dele.

Madre com os Reagans em junho de 1985. Ela está segurando a Medalha Presidencial da Liberdade, com a qual Ronald Reagan acabara de premiá-la.

Senador Mark Hatfield e eu rindo com a Madre, em frente ao convento Anacostia, das MCs, em junho de 1986.

Presidente George H. W. Bush e a primeira-dama, Barbara Bush, recepcionam a Madre e Irmã Dolores no Salão Oval, em dezembro de 1991.

Mary (então Irmã Katrina) e sua superior no Bronx, Irmã Maria Lucy, recebem Harry e Ann Griffith, os pais de Mary, para uma visita em 1988.

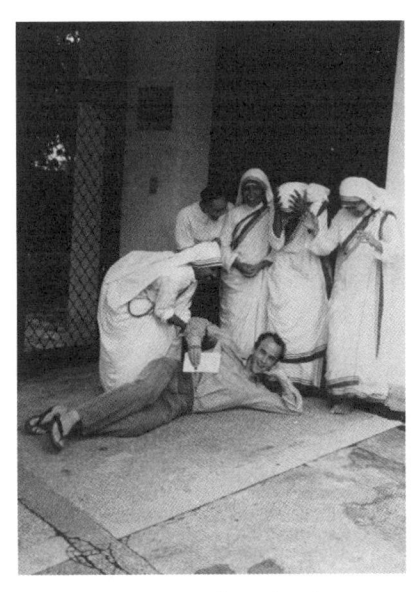

Durante uma viagem da equipe do Congresso à Taiwan, Polly Gault e eu visitamos a casa das MCs em Taipei. Perguntei às irmãs se podia tirar uma foto com elas, e Polly captou a surpresa delas quando, subitamente, fiz essa pose.

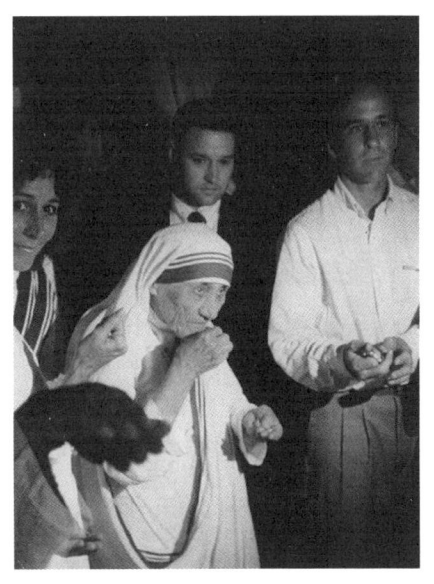

Madre distribuindo Medalhas Milagrosas em Memphis, Tennessee, em junho de 1989. Sandy McMurtrie e eu montamos guarda, enquanto centenas de pessoas passavam para receber uma.

Madre se conectava com todas as mães. Aqui, cumprimentando uma mulher e seu recém-nascido em Tijuana, em fevereiro de 1989.

Madre e eu após uma missa ao ar livre em Tijuana, México, em fevereiro de 1989.

Madre enviou 35 irmãs ao nosso casamento em Washington, D.C., em fevereiro de 1992; Bispo William Curlin, Monsenhor William Kerr e Sandy McMurtrie se juntaram a nós para a foto.

Sandy McMurtrie e Jan Petrie, em 2016.

Roni Daniels, enfermeira 24 horas da Madre, em dezembro de 1996, com Irmã Prema, a superior geral das MCs, em 2016.

Família Kumar (Jessima, Arjun, Gita, Preah, Naresh e Sunita) com meu filho John, na casa dos Kumars em Calcutá, em maio de 2019.

Padres MC Joseph Langford e Brian Kolodiejchuck em 1989.

O bilhete de Irmã Nirmala e a foto de família que veio junto chegaram de Calcutá alguns anos após a morte da Madre. Para nossa surpresa, ela mantinha essa foto na gaveta de sua escrivaninha.

Madre segurando sua corda de segurança: o rosário.

Eu tinha acabado de levar a Madre à Gift of Peace, em maio de 1986, e perguntei se podia tirar uma foto para colocar no livro de orações MC que ela tinha me dado. Ela não apenas concordou como também sorriu.

Quarto e escritório da Madre no convento em Calcutá.

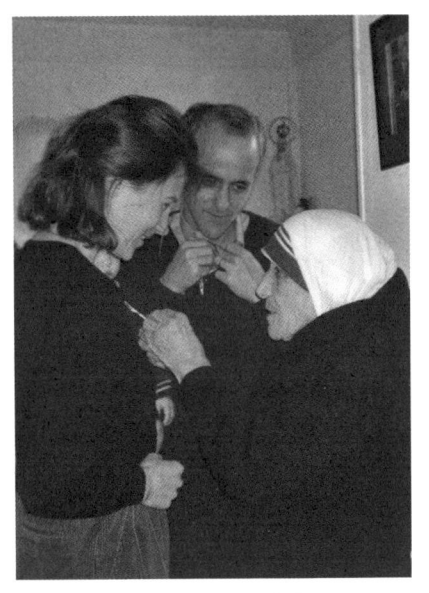

Madre abençoando uma medalha no cordão de Mary algumas horas depois de seu discurso no Café da Manhã Nacional de Oração, em fevereiro de 1994.

Madre com Jamie no colo, quando ele tinha treze meses, em fevereiro de 1994.

Jamie, com dois anos, abençoando a Madre em junho de 1995. Ele a tinha visto fazer isso com suas irmãs.

Madre cumprimentando Joe, nosso segundo filho, do lado de fora da Gift of Peace, em junho de 1995.

Madre, em sua cadeira de rodas, acompanhada por Irmã Nirmala, distribuindo medalhas para nossos filhos, no Bronx, em junho de 1997, dez semanas antes de sua morte. Foi a última vez que a vi.

Irmã Francesca, membro do grupo original das doze que se juntaram à Madre em 1949, com Marie, John e Mary, na Praça São Pedro, em Roma, para a missa de canonização, em setembro de 2016.

O túmulo da Madre no convento em Calcutá. As irmãs frequentemente escrevem a mensagem com calêndulas nele.

A vista de meu lugar na Praça São Pedro, momentos antes do início da missa de canonização, em setembro de 2016.

Papa Francisco celebra a missa de canonização, e eu fiz a primeira leitura, em setembro de 2016. Continua sendo um dos sinais mais evidentes da bondade e da misericórdia que Deus tem por mim.

O trabalho continua. Duas irmãs assinam seus votos finais na capela da Gift of Peace, em Washington, D.C., em dezembro de 2020.

Esta obra foi composta em Braisetto e Abril Text
e impressa em papel Pólen Bold 70 g/m²
pela Gráfica e Editora Rettec